JN410997

사랑이 빚어내는 삶의 서정

瑞芝 曺圭彬
서지 조 규 빈

사랑이 빚어내는 삶의 서정

초판 1쇄 발행 2017년 12월 19일

지 은 이 조규빈
발 행 인 권선복
편　　집 심현우
디 자 인 최지은
전 자 책 천훈민
발 행 처 도서출판 행복에너지
출판등록 제315-2011-000035호
주　　소 (07679) 서울특별시 강서구 화곡로 232
전　　화 0505-613-6133
팩　　스 0303-0799-1560
홈페이지 www.happybook.or.kr
이 메 일 ksbdata@daum.net

값 15,000원
ISBN 979-11-5602-560-3 03810

한빛문학
문학상
수상 창작집

조규빈 수필집

사랑이 빚어내는 삶의 서정

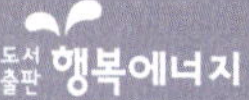

머리말

시간은 멈춤이 없다는 말을 반영이라도 하듯 또 한 해가 저물면서 모두가 분주하게 움직이는 것을 보면 다사다난多事多難한 해가 아니었던가 싶다. 아무리 세상이 변한다고 해도 문학은 언제나 변함없이 묵묵히 가던 길을 멈추지 않는다.

문학이 진리를 담아내고 있다는 것은 이제 새삼스러운 일이 아니다. 사람들은 나름대로의 형식과 장르에서 새로움을 선보이고 있지만 언제나 그 속에는 진리가 함께하고 있다.

소설이나 수필은 모두 이야기를 펼쳐 보이는 산문이지만 소설은 픽션이라는 그릇으로 이야기를 담아내는 데 반해 수필은 감성과 현실을 이야기로 꾸며 현실성을 맞추어 간다.

수필집 『정동진 여정』을 출판한 지 어제인데 다시 제2집으로 『사랑이 빚어내는 삶의 서정』을 선보이게 되었다. 메말라 가는 서정으로 주제 선택부터 구성과 다듬는 일까지, 마음 내키는 곳으로 붓끝이 머리를 들지 않는 시간의 흐름이었다.

그러나 미숙하다는 것은 발전 가능성이 있고 새로움을 찾는 진취적인 기상이 함께 기다리고 있는 것이라고 마음으로 다짐하며 시대적 부름에서 벗어나지 않는 동반자로서의 자세를 맞추어 가리라 자신해 본다.

제1부에서는 '사랑과 정이 흐르는 곳'을 큰 틀에 넣고 어머니의 모정을 먼저 펼쳐 보였다. 어머니의 사랑은 흔들림이나 변함이 없는 마음속 믿음에서 나오는 정이며 자신의 희생에서 싹을 틔운다.

제2부에서는 '삶과 풍광이 있는 현장'이다. 삶은 언제나 버겁

고 고달프고 힘든 나날이 버티고 있지만 자연이 우리에게 주는 아름다운 풍광은 버거운 삶을 가벼운 마음으로 이겨내며 오늘과 내일을 이끌어 주는 힘이 된다.

자연은 절기에 따라 어김없이 제 길을 찾아가며 인간의 심성을 자연에서 얻을 수 있게끔 많은 기회를 제공한다. 우리도 자연의 순리에 맞는 인생살이로 내일이라는 세상을 맞이하면 된다.

인간은 내일이 있는 미래상을 위하여 정과 사랑을 서로 나누며 그 속에 행복의 씨앗을 싹틔워 키운다. 그곳이 비록 무릉도원武陵桃源이 아니라 하더라도 좋고, 우리가 추구하는 이상향은 못 되어도 우리의 생활이 있고 그것을 위하여 고뇌하는 인생이 있으면 된다.

인간의 삶은 언제나 정과 사랑으로 이루어지며 자연은 오늘과 내일을 희망이라는 이름으로 펼쳐 보인다. 행복한 삶을 선보이는 길목에는 언제나 진리가 길마중을 하며 기다림을 멈추지 않는다.

목차

머리글 04

제1부

사랑과 정이 흐르는 곳

모정탑에 서린 사랑 18
까치밥에 담긴 지혜 30
오일장의 풍물 36
바다 내음과 커피향 42
비 오는 날 오후의 상념 50
사랑과 행복의 마중길 56
신세대의 행복추구권 62
신감각 세대의 행복지수 68
일신日新하는 마음 74
축제와 테마thema 80
마음의 여백을 다스리며 86
삶의 지혜가 담긴 글 92
감사와 배려의 만남 101
한恨에 젖은 정선아라리 110
시집살이노래의 애환 119

사랑이 빚어내는 삶의 서정

제2부

삶과 풍광風光이 있는 현장

안반데기의 삶 138

설레는 청춘 147

내일의 삶을 갈망하라 153

푸른 하늘을 마음에 심자 159

열정으로 맞이하는 산업혁명 168

사라진 명사십리 177

샛바람에 젖은 봄기운 186

꽃샘비와 바람 192

곡우물로 봄을 보내며 198

연초록軟草綠의 초대 204

단비와 마른장마 210

열대야로 밤을 뒤척이며 216

가을이 녹아내리는 소리 222

은행나무 정원庭園 228

청정 풍광의 화진포花津浦 239

글을 마치며 250

문학상을 수상하며 254

출간후기 258

사랑이 빚어내는 삶의 서정

제1부 사랑과 정이 흐르는 곳

사랑이 녹아 흐르고 나면 정겨움이 따뜻하게 다가오므로 정이 들면 사랑이 익어간다고 한다. 우리네 어른들은 정든다는 말을 선호하며 사랑이라는 말은 정 속에 은근히 숨겨 놓는다.

인간의 마음에 있는 일곱 가지 정서인 칠정七情을 말하면서 정작 정情에 관한 항목은 따로 만들지 않았다. 기쁘고 슬픈 내력은 있어도 그 속에 간직하고 있는 정겨움을 말하지 않았다.

사단四端에서도 측은지심惻隱之心이라고 하여 남을 배려하는 마음을 일깨우고 있으나 정이라는 어휘를 사용하지 않았다. 그러나 남을 불쌍하고 가엽게 여기는 측은지심에는 먼저 정이 흐른다.

사람의 느끼는 감정이 환경과 상황에 따라 형상화되는 과정은 천차만별이다. 누구는 즐겁고 기쁜 마음으로 밝은 웃음을 머금는가 하면 어떤 이는 슬프고 애절한 마음을 숨김없이 표현하기도 한다.

젊은 연인들의 가슴에는 내일을 위한 행복감이 샘솟듯이 넘쳐나고 있어 이들에게 내일이란 희망과 행복이 기다리고 있는 세계로, 낭만적인 곳이다. 이들에게는 정이 아니라 사랑이 먼저 가슴에 와 닿는다.

모정에는 끝남이 없다. 나이 든 아들이 바깥나들이를 하려 하면 첫마디가 조심하라고 이르는 말이다. 비록 넉넉하게 늙어가는 자식이지만 어머니 눈에는 언제나 철없는 아이로 남아 있다.

어머니의 사랑은 정과 구별이 되지 않고 사랑과 정은 서로 동화되어 하나로 나타난다. 어머니 자신은 세월을 이기지 못하여 얼굴에 주름을 만들지만 자식은 세월의 흐름에 무심한 채로 남아 있다.

사람은 누구나 행복한 삶을 바란다. 그것은 사랑이 있는 어머니의 정으로부터 나온다. 어머니의 정은 사랑이며 희생이며 봉사 정신에서 움이 솟아 인간의 정신을 기름지게 한다.

젊은이들은 낭만적인 정서가 어우러진 사랑을 기다리는데 사랑은 인간의 삶을 아름답게 장식한다. 가끔 불행의 늪에서 벗어나지 못하는 사람의 이야기가 입소문을 타지만 그것은 사랑을 찾지 못한 경우로 보인다.

정과 사랑은 사람의 마음에서 서로 동화되어 그 끝은 행복이라는 안식처에 안주하기를 고대한다. 행복한 삶은 정과 사랑에서 이루어지며 자신이 행복하다고 느끼는 마음에는 언제나 사랑이 함께한다. 그래서 사랑을 위해 사람들은 인생을 걸기도 한다.

사람의 최대 목표는 행복을 위한 삶이며, 결국 우리의 삶은 행복을 찾기 위한 탐구생활이다. 그러나 정과 사랑이 개인에 따라 다르게 나타나듯이 행복도 일정한 기준이 있는 것이 아니라 개인이 추구하는 바에 따라 다르게 나타난다.

행복은 우리 마음의 심지에 불이 붙어 맑음과 기쁨, 즐거움과 슬픔과 같은 정서를 나름대로 나타냄으로써 스스로가 만족감에 젖는 상태라고 본다. 인간의 정과 사랑이 동화되어 마음에서 나타나는 정서를 긍정적으로 받아들이면 행복으로 가는 길이 되며, 부정적인 마음가짐은 불행의 늪에 빠진다.

법에 명시된 행복추구권이란 것도 어느 수준에 미쳐야 한다는 것이 아니라 삶의 만족도에서 찾아야 한다. 추상적인 명제이지만 오늘의 생활 리듬이 버겁지 않으면 만족스러운 생활이다.

서양 속담에 권력이나 재산을 잃는 것은 작은 손해지만 건강을 잃는 것은 모든 것을 잃는 것이라고 했다. 건강해야 모두를 얻을 수 있다는 것이다. 삶의 만족도 역시 정과 사랑이 있는 삶의 자세로서 많은 재산이 필요한 것도 아니고, 아름다운 명예가 뒤따라야 하는 것도 아니며, 건강한 체력을 갖추어야 하는 것이 아니라고 하더라도 건강한 생각이 있어야 한다.

인간이 추구하는 행복의 핵심은 사랑으로 정과 일심동체가 되어 나타나는 마음이며 정신적 영혼에서 느끼는 정서이다. 우리나라에서 말하는 정은 우리 고유의 이미지를 간직한 것으로 서양에서 말하는 feeling과는 어감에서부터 차이가 난다.

우리는 다정다감한 정서를 내포하며 정갈한 마음으로 나를 깨우고 주위의 사람에게 전파하는 정신력을 가지고 있다. 이것은 우리 민족이 지켜오는 민족혼이라 말할 수 있다.

사랑과 정이 녹아 흐르는 곳은 인간의 내면이며 우리는 그것을 정서라고 부른다. 정서는 대체로 개인의 주관에 의하여 경험하는 기분으로, 기쁨과 즐거움이나 노함과 슬픔, 사랑함과 미워함 등으로 나타난다.

사람은 무한한 감정 표출로 서로 이웃하기를 미덥지 않게 여기는 일도 있지만, 나이가 들면서 자기 정체성을 확립해 더불어 살아가는 지혜를 터득하고 정과 사랑을 나누며 삶을 이어간다.

우리네 정은 보편적으로 말하는 사랑과 그 맥락을 같이한다. 사랑은 정으로부터 발아하여 세상의 모든 이들을 가슴에 안는 행복의 씨앗이다. 그 씨앗이 사람의 고뇌를 행복한 삶으로 인도하며 누구에게나 골고루 퍼지게 하는 전령사 구실을 한다.

모정탑에 서린 사랑

모정탑母情塔 탐방 길에 오르며 대기리 마을에서 이정표에 명시된 길로 접어들었다. 노추산魯鄒山 송천 계곡을 따라 이어진 다리를 건너자, 길 양편으로 돌탑이 탐방객을 맞이하며 즐비하게 서 있다.

모정탑길의 시작을 알리는 곳으로 마을 주민들이 탐방객을 위하여 돌탑을 쌓을 수 있게 많은 양의 돌을 길 좌우로 길게 모아 놓았다. 1km를 더 들어가야 모정탑길의 자세한 이정표가 기다린다고 한다.

우선 모정탑의 내력부터 알아보려고 안내를 받았다. 서울 출신으로 강릉에 내려와 결혼생활을 하며 오순도순 평범하게 생활하던 여인이 있었다. 여인의 이름은 차옥순이라 했다. 4남매를 두었으나 아들 둘을 일찍 잃고 남편마저 정신질환을 앓아 집안에 우환이 끊이질 않았다.

어느 날 꿈에 산신령이 나타나 계곡에 돌탑 3,000개를 쌓으면 집안이 편안해질 것이라는 계시啓示를 내린다. 여인은 마음에 맞는 곳을 찾다가 1986년에 노추산 계곡에 들어와 토굴 움막을 짓고 26년간 돌탑 3,000개를 쌓은 후 2011년에 숨을 거둔다.

안내받은 내용을 되새김하며 여인의 일생으로 돌아가 생각을 정리해 보았다. 여인은 자신에게 어두운 그림자가 드리우고 있다는 것을 행복한 생활에 묻혀 전혀 깨닫지 못했다. 호사다마好事多魔라고 해야 할까, 아들 둘이 갑자기 생을 마친다. 부모를 앞서는 요절夭折이었다.

여인은 하늘이 원망스럽고 삶을 지탱할 힘마저 빼앗기고 만다.

엎친 데 덮친다고, 믿었던 남편마저 정신질환에 시달리면서 이때부터 삶의 조각들은 맞추어지지 않는 불행의 늪에 빠진다.

불행의 늪에서 헤어나지 못하면 사람은 환영幻影을 볼 수 있다. 오직 하나의 생각에 젖어 마음과 생각이 몰입되면서 다른 것에 마음 붙일 여유가 없을 때는 현실과 꿈에 나타난 가상의 세계는 구분이 되지 않는다. 꿈에 산신령이 나타나 계시를 내리는 장면은 가상의 세계이다.

여인의 지나온 이야기를 탐방 길의 주제 목록에 곁들이면서 마을 주민들이 정성 들여 쌓은 돌탑길을 따라 들어간다. 이곳부터 모정탑길이 계곡을 따라 이어진다.

조금 더 들어가자 돌로 된 비석 하나가 초라한 모습으로 눈길을 끈다. 누군가 비석 앞에 커피 한 잔을 놓고 기도를 드리고 있었다. 등산객이라 술은 반입이 되지 않은 것 같다.

노추산의 정기를 내려 받으려고 기도를 드리는 것이라 짐작하고 무심히 지나친다. 비문은 세월 탓인지 온통 망가져서 글자를 식별하기 힘들었다. 새로 단장한 것으로 보아 보통 비석은 아니라는 것을 깨닫게 되었다.

안내문 표지판이 있어 눈길을 돌리니 율곡 이이 선생의 구도장원비九度壯元碑라는 설명이다. 율곡 선생을 구도장원공九度壯元公이라 부르는데 문과시를 비롯하여 과거 시험에 아홉 번이나 장원하였다는 데서 연유한다고 한다. 이 비석은 율곡 선생이 노추산에서 학문을 닦으며 쓴 글을 새긴 돌이었는데 관리가 잘못되어 지금은 희미하게 흔적만 남아 있었다.

율곡 선생이 학문을 닦던 곳이라는 입소문에 전국 각지의 유생들 중 첩첩산중인 이곳 노추산 자락을 찾는 이가 많았다. 이 돌에 새긴 글을 보기만 해도 벼슬길이 보인다고 하여 천 리 길도 마다하지 않았다.

그러나 이곳을 찾는 유생 가운데 지나치게 양반 행세를 하며 마을 주민을 번거롭게 하는 이가 있어 마을 주민 한 사람이 망치로 글씨를 쪼아 땅속에 묻었다고 한다. 오늘날 글씨가 희미하여 알아보지 못하는 것은 이때 글씨를 망치로 쪼아낸 결과가 아닌가 한다.

오랜 세월을 지나며 행방이 묘연하였으나 다른 주민이 꿈에서 비석의 위치를 암시하여 찾아낸 것을 대기리 마을회와 강릉시가 기증받아 율곡 선생의 기운이 이곳을 찾는 이들에게 전해지길 바라는 마음으로 이 비를 세웠다고 안내하고 있다. 앞에서 기도를 드리고 있던 사람도 율곡 선생의 기운이 아니면 학문을 이어받으려는 뜻이라 생각된다.

구도장원비를 뒤로하고 소나무가 길 양쪽으로 도열하듯 울창하게 우거진 길을 걷게 된다. 하늘을 향해 곧게 뻗어 올라간 소나무는 싱그러움이 묻어나며 대나무 숲을 걷는 듯한 느낌을 받는다. 맑고 신선한 느낌에 숨을 쉴 때마다 가슴 속까지 시원함에 젖어든다.

개울에서는 흐르는 물소리가 이곳이 산속 깊은 계곡임을 알려 준다. 계곡은 여기서부터 5km를 더 들어가야 노추산과 잇닿는다고 한다. 힐링을 감지하며 걸음을 재촉한다. 아직은 탐방객이 적어서인지 고요함이 운치를 보태며 바람만 소리를 낸다.

탐방객을 위한 주위 정비는 물론 모정탑길도 말끔하게 다듬어 놓아 연인들은 손을 잡고 걷기도 했다. 심지어 초등학교 여학생으로 보이는 아이들은 소풍 나들이를 나온 양 즐거운 모습으로 뛰어가는 모습도 보인다. 계곡 산길이라 걷기가 불편할 줄 알았는데 마을 주민들의 모정탑에 쏟은 정성을 발길과 눈으로 느낄 수 있었다. 계곡을 끼고 이어진 길이지만 힘들이지 않고 산책하듯 걸을 수 있었다.

안내 표지판을 눈여겨 바라보니 이제 모정탑길 초입에 도달한 모양이다. 돌탑으로 된 굴을 통과하듯 크고 작은 돌탑이 도열하며 우리를 맞이한다. 아마 이곳부터가 주인공 여인이 기거하며 돌탑을 쌓은 곳 같다. 계곡물과 이어진 곳이라 작고 큰 돌들이 지천으로 많이 흩어져 있어 돌탑을 쌓을 때 운반하는 데도 어려움이 없었을 것 같다.

굴속 같은 돌탑길을 100m 정도를 올라가 개울을 건너는 나무로 된 다리를 건너자 길옆에 초라한 움막 한 채가 보인다. 주인공 차옥순 여인이 기거하던 곳이란다. 원래는 토굴 모양의 움막이었는데 오랜 세월을 버티지 못하고 무너져 마을 주민들이 새로 단장해 놓은 것이라고 한다.

돌탑들이 즐비하게 쌓인 곳을 비껴 개울을 지나고 지형이 다른 곳보다 높은 곳에 움막을 마련한 것은 혹시나 모를 개울물의 범람에 무너지는 것을 막기 위한 배려가 아닌가 싶다. 움막 안을 살펴보니 한 사람이 겨우 기거할 수 있는 넓이로 생활하는데 불편이 많았을 것으로 짐작된다.

이곳은 고랭지이면서 첩첩산중이라 한겨울이면 엄동설한이라는 말이 실감으로 다가서는 곳이다. 어둠이 깔리고 밤이 깊으면 맹수들의 울음소리도 두려웠겠으나 26년이란 세월을 여기서 홀로 보냈다고 하니 표현에 어려움을 느낄 뿐이다.

차옥순 여인이 처음 정착했던 곳이라는 것은 주위에 고만고만한 돌탑들이 수십 개가 있다는 데서도 짐작이 간다. 이곳에 정착하면서 움막 주위부터 돌탑을 쌓기 시작했다는 것을 보여주는 대목이다. 돌탑길이 굴속을 연상시키게 한 것도 같은 맥락이다.

움막 옆의 안내 표지판에는 산속 길이지만 대기리 마을회에서 자식을 사랑하는 어머니의 마음을 담아 노추산 모정탑길이라 명명命名했으므로 고인의 뜻을 기리고 노추산 모정탑길의 보존을 바란다는 내용이 있다.

더 들어가면 순환도로라는 이정표가 나온다. 개울가에는 돌탑을 쌓다가 그만둔 흔적들이 여기저기 흩어져 있다. 말년에 힘이 부쳐 더 이상 돌탑을 쌓을 수 없었던 흔적이다. 쌓다가 버려둔 돌탑도 그 형체를 다듬지 못한 것을 보면 여인이 숨을 거두기 전까지 돌탑을 쌓았다는 것을 알 수 있다.

순환도로 표지판 앞에서 돌아서며 하산 길에 오른다. 그리고 돌탑 하나하나에 깃들어 있는 모정을 마음속으로 다듬어 본다. 그러나 마음 개운하지 않은 부분이 뒤를 따른다.

자식을 그리는 어머니의 정에는 조금의 흐트러짐도 없어야 한다. 돌 하나하나에 어머니의 정과 사랑이 녹아 있는 탑이어야 한다. 간혹 누구인지 모를 사람의 이름을 쓴 낙서로 얼룩진 것들을 발견할 수 있었다.

자기 자식뿐만 아니라 넓은 마음으로 이웃의 자식까지 행운이 찾아오게 해 달라는 뜻에서 돌탑의 주인공이 그랬다고 한다. 전하는 말 그대로라면 주인공의 너그러운 마음을 읽을 수 있지 않을까. 자식 사랑의 마음이 이웃 사랑의 넓이로까지 퍼져 나간 것은 아닐까.

자식을 사랑하는 어머니의 마음속 깊이는 가늠이 되지 않는다. 자신의 모든 것을 바쳐도 늘 미진함을 면하지 못한다. 만약 탐방객이 장난삼아 그랬다면 지극정성으로 자식을 마음속에 담는 어머니의 마음에 상처를 안기는 행위이므로 삼가야 한다.

돌탑을 쌓는다는 것은 불행과 액운厄運을 멀리 물리치고 행운과 가족의 강녕이 다가오기를 바라는 행위이며 내면세계와의 대면이다. 자식의 극락왕생을 빌며 가족의 건강한 삶과 안녕을 위해 3,000개의 돌탑을 쌓아 온 노추산 모정탑의 주인공 여인은 살아서는 어머니요 죽어서는 산신령의 모습이다.

꿈에 산신령이 나타나 계시를 내리고 주인공이 그에 따라 돌탑을 쌓는다는 모티브는 애써 현실에서 탈출하고자 하는 집념이 형상화되어 나타난 것이다. 꿈은 현실에 집착한 이야기가 몽환적夢幻的으로 나타나기도 하겠지만 주인공 여인에겐 영감이 꿈속에서 현실처럼 나타났다고 보겠다.

자신보다 먼저 이생의 삶을 마친 두 아들을 둔 여인은 건강한 생각과 내일이라는 희망을 잃어버리고 오직 현재의 불행만이 역겹게 다가오고 있을 뿐이었다.

설상가상으로 의지하며 살아갈 남편마저 정신질환으로 집안에 우환이 끊이질 않았을 때의 여인은 자식이 살아 돌아오리라는 허망한 삶보다는 자신이 집착할 수 있는 세계를 갈구하였고 그 세계에 자신을 침잠시켰던 것이다.

자신의 영혼이 밝고 명랑한 세계에 탄생되리라는 믿음이 곧 모정의 탑으로 승화되었으리라. 끝내 영화로움도 맛보지 못하고 이생을 떠난 주인공 여인의 헌신적 삶은 자식을 사랑하는 어머니의 애틋함이며 사랑이며 정이다.

생을 마친 자식이 살아서 돌아오리라는 환생의 꿈은 현실성이 없는 꿈의 세계에서나 바랄 수 있는 몽환적인 바람이다.

모정탑은 어머니의 사랑이 돌 하나하나에 매듭을 지으면서 표출되어 나타난 모습이다. 모정은 곧 어머니의 사랑이다. 우리네 삶에는 정과 사랑이 따로 구분되어 나타나지 않을 때가 많다.

모정탑은 어머니의 고귀한 정신을 기리기 위하여 자식이 세운 탑이 아니라, 어머니의 자식 사랑이 녹아 있는 탑으로 사랑의 빛깔로 태어나서 돌 하나하나에 영혼으로 통하는 길을 점지해 주었다.

노추산 모정 탑길
이곳은 차옥순 여사가 가족의 안녕을 기원하며 26년
간 홀로 3000여개의 돌탑을 쌓으면서 대기리 마을
주민들에게 돌탑의 관리를 부탁하였고 2011년 생을
마감하였다. 이에 대기리마을회에서 자식을 사랑하는
어머니의 마음을 담아 노추산 모정(母情)탑길이라
명명하였으며. 고인의 뜻을 기리고 노추산 모정탑길
의 보존을 바라며 이 비를 세운다.
2014년 11월 21일
대기리마을회

까치밥에 담긴 지혜

싸늘한 바람이 지나는가 싶더니 한 잎 남은 감나무 잎마저 지우고 앙상한 나뭇가지에는 빨갛게 익은 홍시가 달랑 혼자 남아 파르르 떨고 있다. 추위에 얼굴을 발갛게 물들이며 떨고 있는 홍시가 애처롭다.

늦가을에 감을 따다가 가장 높은 곳에 붉은 홍시를 따지 않고 하나 아니면 두서너 개를 남겨 둔다. 먹잇감이 사라진 한겨울에 까치가 와서 먹으라고 남겨 둔다. 까치밥이다. 높은 가지에 달린 감을 따려다 낙상하는 것보다 까치밥으로 남겨 두는 게 낫다는 조상의 지혜가 담겨 있다. 사람이 자연에 베푸는 선물이자 배려이다.

현대인은 이웃이 없다. 이웃과 다정하게 정을 나누며 살아가는 모습은 좀처럼 만나기 힘들다. 이웃사촌이라는 말에서 보듯 전의 이웃은 서로를 챙겨주는 정겨운 모습이었다.

요즈음 사람들은 기계적이고 계산적인 삶을 살아가고 있다. 삶의 공간이라고 해 봐도 자신이 살고 있는 거실이 전부이다. 옛적에는 담도 없는 마당 넓은 집에다 옆집의 그릇 깨지는 소리까지 들리는 곳이 삶의 터전이었고 그러한 이웃이 있는 고장이 아직도 추억 속에 간직되어 있다.

남을 배려하는 마음은 봉사가 아니며 서로가 상생하는 모습이다. 함께한다는 것은 더불어 살아간다는 의미로 이웃의 어려움을 나의 어려움으로 소화하면서 생활해야 한다.

까치밥 한 알, 홍시는 역지사지易地思之하는 마음의 발현이다.

대지가 얼어 먹이를 구할 수 없는 까치의 입장을 사람에 비유해 한 알 홍시이지만 남겨 두어 까치밥으로 챙긴다.

까치는 철새가 아니라 텃새이다. 열대지방과 추운 지방을 제외하고 북반구 전역에 분포되어 나름의 삶을 이어가고 있다. 예전에는 사람과 까치가 서로 도우며 살았다. 집에서 기르는 가금류는 아니지만 사람과 멀리 떨어져 생활하는 것이 아니라 늘 사람 곁에서 사람과 이웃하며 살아간다.

곤충이나 벌레는 물론 곡식과 열매도 잘 먹는 잡식성이지만 농사에 피해를 주는 해충을 잡아먹고 사는 일이 많아 사람들은 까치에 후한 점수를 주고 있다.

공과功過를 논하자면 봄에 뿌린 씨앗이나 수확되는 농작물에 상당한 피해를 주므로 나쁜 이미지 쪽으로 분류함 직하나 우리는 오히려 좋은 쪽으로 생각하고 있다.

까치는 사람과 가까이 살아서 그런지 낯선 사람을 보면 요란하게 짖는 습성이 있다. 늘 가까이 지내는 사람이 아니라 누구에게든 피해를 줄 수도 있다는 깨우침이다. 그런가 하면 옛사람들은 아침에 우는 까치를 반가운 소식을 전해주는 길조吉鳥라고 했다. 그래서 아침에 까치가 울면 반가운 손님이 오려나 보다 하면서 흐뭇해했다.

동요에서는 까치의 설날이 우리 설날보다 하루 빠르다. 설날엔 까치도 반가운 손님이라 했다. 아이들이 부르는 동요에 등장하는 까치는 다정다감한 정서를 일깨워준다. "까치, 까치 설날은 어저께고요. 우리, 우리 설날은 오늘이래요."라고 해서 까치에게도 우리라는 동료 의식을 심어주고 있다.

설날 아침상을 물리면 너른 마당에 곡식 낟알을 뿌려 까치가 날아와 먹게 했다. 이웃을 접하듯 까치를 대하는 마음에는 넉넉함이 배어 있는, 여유가 있는 모습이다.

한때는 까치가 농작물에 주는 피해가 크다고 해서 쫓아내기도 했다. 농작물의 성장을 위해 까치도 농부들이 기피하는 조류로 인식되면서 은연중에 까치의 활동 반경이 줄어드는 결과를 초래했다.

까치는 농촌 환경이 변화를 치르면서 사람과 이웃하며 살아갈 수 있는 터전을 잃어가고 있다. 대신 반려동물伴侶動物이라고 강아지, 고양이에게 정성과 돈을 투자하면서도 까치밥까지 남겨 두던 옛사람들의 상생하는 모습은 찾아보기 힘들다.

까치는 번식력이 매우 강한 조류로 아직도 농촌에서는 우리 주변에서 흔하게 접할 수 있다. 친환경으로 농사를 지으며 농약 살포를 줄인 것도 도움을 준 것으로 풀이된다.

까치는 경쟁자를 물리친 뒤 먹이가 많고 안전한 곳을 차지해야 새끼를 잘 키우는 습성이 있다. 이러한 일은 종족 번식을 위한 자연계의 일반적인 순환 체계라 하겠다.

우리는 감나무에 달랑 한 개 남은 까치밥을 관상용으로 바라보며 흐뭇한 마음을 보낸다거나 애처롭다고 안쓰러움에 젖기보다 선인들이 까치밥에 담아 놓은 지혜를 다독이어야 한다.

자연계의 보잘것없는 조류라 하더라도 그들의 의식으로 돌아가는 역지사지의 정신을 배워야 하며, 비록 반려동물은 아니지만 배려와 상생하는 마음가짐이 있어야 한다.

오늘도 까치는 우리 주위에서 즐거운 노래를 부르고 있다. 반가운 소식이나 손님이 찾아오지 않더라도 즐겁게 살아가는 까치의 삶이 오늘만큼은 가슴에 울림을 주고 있다.

오일장의 풍물

정선군 아라리공원에서 각 지역을 대표하는 전통시장 87곳이 참가한 가운데 오일장 박람회가 열렸다. 오일장은 각 지역에서 닷새마다 열리는 장이라는 뜻으로 불리는 이름이다.

박람회가 정선오일장의 글로벌시장 도약과 전통시장이 소비자와 관광객들로부터 사랑을 받고 상생할 수 있는 계기가 되길 기대한다며 정선군수가 안내문에서 밝혔다.

오일장은 전통적으로 일정하게 날짜가 정해져 2일에 열렸으면 7일에 열려 결과적으로 5일마다 열리게 된다. 매달 1일에 장이 서면 1, 6, 11, 16, 21, 26일에 장이 열리고, 2일에 장이 서면 2, 7, 12, 17, 22, 27일에 장이 열리는 경우를 말한다.

실제로 장이 열리는 곳을 오일장이라는 이름은 사용하지 않고 장이 열리는 지명을 사용한다. 정선장, 안동장, 북평장 등은 실제로 정선, 안동, 북평에서 열리는 장날을 이른다.

정선오일장은 전국 최대 규모를 자랑한다. 1966년 2월 17일 처음으로 열렸으며 매달 2, 7일을 기준으로 장이 선다. 최근 아름다운 자연이 잘 보존되어 관광지로 부상한 정선은 오일장의 체험여행 코스로 유명세를 타고 있다.

정선군이 철도와 연계하여 오일장을 관광상품으로 개발하여 1999년 3월부터 청량리에서 출발하는 정선오일장 관광열차를 운행하여 도시 사람들에게 인기를 끌었다.

정선오일장에는 계절에 따라 산지에서 직접 재배하거나 야산에서 채취한 냉이, 달래, 산나물 등 봄나물과 찰옥수수와 감자 등 여름에 생산되는 작물이 눈길을 훔친다. 가을에는 머루가 있고 겨울에는 민물고기로 끓인 매운탕도 한몫한다. 술을 좋아하는 사람들에게는 옥수수로 빚은 술도 인기가 있어 옥수수술이 관광 상품화되고 있다.

도시 사람들이 가장 선호하는 상품은 유기농 농산물이다. 화학 비료가 나오기 전의 농사 방법으로 직접 재배한 곡물이나 채소에 곁들여 인공으로 재배하지 않고 산속에서 자연스럽게 자란 산나물 등을 구매한다.

이제는 쇼핑을 위한 장마당 구경이나 먹고살기 위한 장보기가 아닌 건강을 위한 구매이다. 택배 문화가 발달한 탓도 있겠지만 앞으로 나올 곡물에 대한 예약 구매도 유행을 탄다.

장이 서는 곳은 화려한 건물이나 대형 마트와는 차이가 있는 재래시장이라고 생각하면 될 것 같다. 재래시장은 간혹 전통시장이라고도 하는 것으로 이곳 시장도 그 범위에서 벗어나지 못하고 있다.

지금은 각 지방자치단체나 상인들의 노력으로 깔끔하게 단장된 시장도 많지만 오일장이 열리는 곳은 예나 지금이나 시장의 풍물이 비슷한 모양새를 선보이고 있다.

소상인들이 좌판을 하나씩 맡아 상품을 진열하거나 그것도 마련하지 못한 사람은 좌판 구석구석에 옹기종기 모여 적당히 상품을 진열하여 손님을 맞이한다. 그것도 어려우면 사람이 다니는 길 가운데를 차지하고 상품을 진열하기도 한다.

장터에는 정이 흐른다. 오랜만에 만난 사람도 이웃 사람을 대하듯 반가움에 서로 손을 다정하게 잡으며 웃음을 나눈다. 때로는 값을 떠나서 훈훈한 인심이 덤으로 구매자에게 얹혀 간다.

가끔 외국 문물을 소개하는 장면에 그 나라의 시장과 상인들의 모습을 심심찮게 볼 수 있는데 우리도 그와 비슷한 면모를 갖춘 것이 많다. 전통시장은 상품 거래만 하는 곳이 아니라 정을 나누는 곳이며 풍성한 먹거리도 시장 활성화의 일익을 담당하고 있다고 본다.

시장 활성화를 위한 이벤트가 풍성하지 못한 점이 아쉬웠다. 가끔 상품권을 발행한다거나 재래시장을 애용하자는 캠페인을 열기도 하지만 구매 고객을 외면하기도 하고 서로 돕고 협조하는 상생의 모습이 보이지 않는다.

오일장이 활성화된 곳에서 생활한 적이 있었다. 장날이면 소일 삼아 재래시장을 찾아 장보기도 하고 먹거리 시장에 들러 시장 돌아가는 이야기를 듣곤 하였다. 고객이 몰리면 이웃 상인에게 소개하는 모습에서 더불어 사는 모습이 보기 좋았고, 맛보라고 과일 하나라도 집어 주는 인심이 넉넉한 품성을 보여주는 것 같아 다시 찾아오고 싶은 마음이 든다.

먹거리 골목에서는 메밀전병 하나를 손님 식탁에 얹어 주는 할머니의 손맛이 시골 맛을 풍긴다. 장마당 구경이 끝나면 빈손으로 돌아오기 허전하여 처음 보는 상품이면 하나라도 구매하는 즐거움을 함께하기도 한다.

가끔 아쉬운 점도 발견된다. 나이 든 할머니가 직접 재배했다면서 마지막 떨이라고 하여 구매하였는데 한 바퀴 돌고 다시 만나니 또 마지막 떨이라면서 그만큼의 상품을 늘어놓고 있지 않는가.

오일장은 정과 훈훈함, 그리고 떠들썩한 장마당의 목소리와 인심이 있고 더불어 살아가는 상생의 모습이 아름답다. 날이 저물면 장터를 마무리하면서 닷새를 기다려야 하는 장날이지만 모두가 흐뭇한 마음을 간직하며 오늘을 마감한다.

바다 내음과 커피향

바다가 내려다보이는 언덕 위의 커피숍에서 한 잔의 커피를 놓고 상큼한 바다 냄새를 맡노라면 커피 잔에서 흘러오는 향기가 매혹적이다. 바위를 때리며 철썩이는 파도 소리가 적절한 배경 음악으로 리듬을 타고 가끔은 흰 갈매기가 바쁜 날갯짓으로 하늘에 원을 그리고 있는 바닷가는 한 폭의 풍경화와 같은 그림을 담아낸다.

커피는 세계 인구의 절반 이상이 애음愛飮하는데 많은 사람이 커피에 흠뻑 젖는 이유는 카페인에 의한 흥분 효과 때문이라고 한다. 우리나라도 커피는 이제 대중성을 넘어 누구나 즐기는 기호식품이 된 지 상당한 시간이 흘러 식사 후에는 으레 후식으로 커피부터 찾는다.

우리는 옛것이 있으면서도 뒤로하고 대중성에 현혹되고 동화되는 수가 많다. 우리의 선인들은 차를 즐겨 마셨는데 다도茶道에 맞게 마셨다. 다도란 차의 맛과 향을 가슴으로 느끼며 한편으로는 덕을 가꾸어 가는 것을 말한다. 찻잔은 양손으로 곱게 받쳐 들고 먼저 코로 향기를 맡고 혀로 맛을 느끼며 마음으로는 도道를 얻는다고 했다.

오늘날 비록 커피가 차를 대신한다 하더라도 선인들이 다도를 지키며 생활한 것처럼 맛을 음미하며 커피의 향을 마음에 심는 미덕을 배워야 한다. 가볍지 않은 마음이 필요하다.

이 고장은 예로부터 차를 사랑한 흔적들을 곳곳에서 발견할 수 있다. 한송정寒松亭 유적지에서는 화랑들이 차를 달여 마신 다구茶具를 발견했으며 예향의 곳인 이곳 다례 행사는 현대를 옛

것에 이어오는 사례들이다.

나는 맥심커피의 세대이다. 그러나 요즈음에는 맥심커피 자판기 앞에서는 선뜻 마음이 내키지 않는다. 대신 향기가 은은하게 전해오는 아라비카 품종의 원두커피가 아니면 모카커피에 매혹을 느낀다.

커피는 생산지 및 볶음과 배합 등으로 여러 종류로 나뉘지만 사실 커피는 아프리카 북동부에 위치한 에티오피아가 주산지이기도 하다. 아프리카 최대의 커피 생산국이라면 에티오피아로서 아라비카 커피의 원산지이다. 이곳에는 커피나무가 아직도 야생의 모습으로 자라고 있다고 한다.

에티오피아도 우리나라의 다도를 연상케 하는 커피 마시는 예법이 있다. 귀한 손님이 왔을 때 우정의 표시로 이루어진다. 모두 석 잔을 대접하는데 첫 번째 잔은 우애[맛], 두 번째 잔은 평화[행운], 세 번째 잔은 축복을 의미한다. 석 잔을 다 마시기 전에 자리를 뜨면 무례하다고 생각한다.

커피를 즐기는 사람들은 시간과 때를 가리지 않는데 현대와 같이 복잡하고 스트레스에 시달리는 사회생활에서 정신을 맑게 해 주는 효과 때문이라고 한다. 한편으로는 긍정적인 생각을 갖게 하여 생활에 활력을 주며 대인 관계를 원만하게 이끌 수 있다고도 한다.

18세기 정치가로 활동했던 탈레랑Talleyrand은 커피는 악마처럼 검고 지옥처럼 뜨거우며 천사처럼 아름답고 사랑처럼 달콤하다는 말로 커피 예찬론을 펼치기도 했다.

그는 커피의 본능은 유혹이라고 단언하며 커피의 진한 향기는 와인보다 달콤하고 부드러운 맛은 키스보다 황홀하다고 밝혔다. 커피에 매혹된 마음을 전하는 말들이다.

지나는 길에 이곳에 있는 커피 박물관을 들러 보았는데 커피와 관련된 2만여 점의 물품이 전시되어 있었다. 많은 노력이 있었다고 생각했으며 이어 커피나무 전시관도 둘러보았다.

우리나라에서 기르는 커피나무 가운데 최고 수령이라는 30년생 커피나무와 다양한 품종의 커피나무, 커피체리, 커피나무꽃을 관람할 수 있었다. 비록 온실전시관이지만 놀라운 일이다.

커피나무는 열대 식물로 세계 여러 나라에 산재해 있지만 이곳 기후와는 맞지 않는다. 이곳은 고산지대이므로 겨울이면 늘 영하권을 유지하기 때문에 재배하는 데 많은 어려움이 있다. 그럼에도 젊은이들 사이에서 인기를 얻으며 깊은 산속 풍경을 따뜻한 모습으로 다듬고 있었다.

카페로 마련된 곳에는 젊은이들이 삼삼오오 모여 앉아 다정하게 이야기를 나누며 커피를 시음試飮하는 광경이 이국적인 풍경을 연출한다. 젊은이들에게는 산속 풍경이라 오히려 낭만적인 풍광에 매혹된 듯한 모습이다.

커피 박물관이라면 보편적으로 기후 조건이 적정하게 맞아야 하고 교통이 편리하여 찾는 사람이 붐비는 곳이라 여겼는데 이곳 박물관은 역발상에서 이루어진 것 같다.

커피를 즐기는 습성도 달라 유럽인은 강하게 볶은 것을 좋아하며 한국인은 엷게 볶은 것을 선호한다고 한다. 그러나 대부분의 사람은 커피 볶음에 크게 관심을 보이지 않는다.

커피의 달인이라는 박이추 명인이 강릉에 정착하면서 당시만 해도 맥심커피가 주류를 이루던 시대가 새로운 커피의 시대로 태어난다. 그는 좋은 원두를 선택하고 고객의 취향을 파악해서 맛있는 커피를 만들 수 있는 기능을 갖추는 바리스타barista 육성에 힘썼으며 이곳의 커피 축제 정착에도 일조했다.

커피는 이제 기호식품에서 생활식품으로 정착하는 느낌을 받는다. 거리를 지나다 보면 커피숍에서 구매하여 한 손에 커피를 들고 걸어가며 마시는 젊은이들을 쉽게 만날 수 있다. 자유분방한 젊은이라고 해도 우리 선인들이 애써 다듬어 놓은 다도를 익혔으면 했다.

깊은 생각에 잠기지 않는다고 하더라도 다도는 맛을 음미하며 사색에 젖는 모양새가 있어야 한다. 선인들의 마음을 그대로 본받으라는 것은 아니지만 차를 마시는 심성은 바르게 갖자는 의미이다.

강릉 안목항 주변의 상점들이 슬그머니 커피숍으로 변신한 것은 새삼스러운 일이 아니다. 젊은이들을 위하여 백사장이 끝나는 곳에 커피 산책로를 마련하여 바위에 부딪쳐 부서지는 파도의 흰 포말泡沫과 커피 향의 이미지를 연결하여 낭만의 거리가 되었다.

항구를 끼고 있는 바닷가는 고기잡이배가 들락거리며 풍기는 비릿한 바다 내음을 연상할 수 있다. 실제로 항구에서 다가오는 바람을 맞으며 느끼는 내음은 산뜻한 맛은 없다.

바다 냄새를 미각적인 맛으로 표현한 것은 이곳은 녹색도시의 청정 해변을 자랑하고 있으며 고기잡이배보다 여객선이나 유람선이 기착하는 항구로서의 신선한 느낌을 표현한 것이다. 여기에 커피 향과 맥을 같이하고자 하는 바람도 곁들인 표현이다.

커피 축제는 바다를 끼고 있는 이곳을 커피의 거리로, 젊은이의 거리로 자리매김하게 하였고, 이곳에서는 커피와 관련된 각종 행사도 아울러 진행하고 있다.

바다가 훤히 펼쳐지는 커피숍에 자리를 잡고 앉으면 흰 포말을 일으키며 밀려오는 파도가 마음속까지 시원한 느낌을 안긴다. 스트레스에 울적하던 마음을 시원하게 풀어준다.

나의 오랜 지인은 파도가 밀려오는 동해의 흰 포말을 잊지 못해 시간이 나는 대로 이곳을 찾는다고 한다. 마음이 뚫리는 듯한 심정에 며칠은 활발하게 활동하는 힘을 얻는다고 한다.

나는 커피를 곁들이면 한결 낭만에 젖을 수 있다고 권한다. 커피 향과 하얀 파도의 물결이 더욱 가슴에 와 닿는 낭만을 만끽하라고 권한다. 생활에 지친 모습이 되거들랑 하룻밤 나그네가 되어 이른 아침 녘에 수평선에서 솟아오르는 해를 바라보며 한 잔의 커피 향을 음미하는 것도 인생의 진미를 맛보는 길이라고 권하고 싶다.

비 오는 날 오후의 상념

때 이른 더위에 스치듯 지나는 바람에도 반가운 웃음을 띠며 소나기라도 시원스럽게 내렸으면 하는 바람이 있었는데 고맙게도 비가 내리겠다는 소식이다. 사람들의 바람을 잊지 않은 양 단비가 밤새 소리를 죽이며 내리기 시작했다.

아직은 열대야로 잠을 설치지 않은 탓에 신선하고 산뜻한 아침을 맞이한다. 좋은 하루가 되려는 느낌이 은근하게 가슴 속에서 맴돌며 다가오는 아침이다. 밤새 내린 비가 미세먼지를 지워 깨끗하고 시원한 공기에 은근슬쩍 기지개를 펼친다.

세차게 내리는 비는 아니지만 떨어지는 빗방울은 흔들림 없이 계속 이어지고 있다. 느긋하게 내리는 비는 바쁠 것 없는 모양새라 사람의 일상도 어제와 다름이 없지만 부산하게 서두르는 사람은 애타게 비를 기다리던 농부들이다. 거추장스러운 우산보다 대충 우의雨衣를 걸치고 논밭에 물대기 하느라 아침을 건너뛰기도 한다.

비를 맞으면서도 모두가 기쁜 마음이라 활기찬 모습이다. 가뭄에 목마름은 논밭의 생물만이 느끼는 것은 아니며 오히려 타들어 가는 농부의 마음은 간절한 소망이 담긴 하루하루였다.

비 오는 소리조차 감정의 기복이 무디어진 세대에 접어든 요즈음은 바쁘고 서둘 것 없는 마음이라 내리는 비를 닮아 조용히 하루를 시작한다. 이럴 때 세찬 빗줄기가 쏟아지면서 요란한 소리를 낸다면 창문을 열고 바깥 풍경이나 구경하련만 그저 비는 소리 없이 내린다.

오랜만에 우산 위에 떨어지는 빗방울 소리를 마음으로 새기며 나들이를 마치고 돌아오니 슬며시 오수午睡 시간이 찾아든다. 찾아드는 낮잠을 잠시 접어두고 내리는 비에 차분하게 마음을 가라앉히니 어제, 오늘, 내일이 한 꺼풀씩 벗고 얼굴을 내민다.

어제는 지나온 개인의 역사로, 만남과 헤어짐이 일상으로 이루어지던 개인사가 고스란히 간직된다. 우리는 만남이 있으면 헤어짐이 따르게 된다는 회자정리會者定離라는 말을 스스럼없이 사용한다.

사람은 어떤 인연에 의하든 만남을 이루며 세상의 모든 일을 꾸며가다가 결국은 헤어지는 아픔을 겪게 된다. 만나는 인연도 아름답지만 돌아서는 뒷모습이 아름다운 사람이야말로 다시 기다림을 주고 처음 만남과 같은 행복이 찾아온다.

뒷모습이 모나고 흐트러짐이 많아 바라보는 사람에게 상처를 주는 사람은 주변을 어둡게 한다. 언제 어디서 어떤 인연으로 만남이 이루어졌든 만남은 사회생활의 인과관계로 중요한 기능을 하는데 헤어질 때 상대에게 얼마나 아름다운 뒷모습을 보여 주느냐가 그 사람의 인품이다.

사람들은 기억을 더듬어 어제의 일을 떠올리며 후회하고 아쉬워하며 다시 돌아간다면 그런 일은 되풀이하지 않을 것이라 다짐한다. 그러나 오늘을 사는 우리는 좋았던 일만을 기억하는 것이 올바른 자세이다.

어제의 만남과 헤어짐이 있어 오늘이 탄생한다. 오늘은 거울에 비치는 나의 얼굴이며 내일을 위한 걸음마이다. 웃음으로 만나는 인연에는 감사와 정이 묻어나며 감추어진 미소에는 행복을 마중한다.

지나온 길을 더듬는 것은 인생의 패자가 하는 무모한 행위가 아니다. 인생의 승자는 적을 먼저 알라고 했다. 지피지기知彼知己는 승자의 제일 첫걸음이자 자신의 오늘 위치를 가늠하는 척도라고 할 수 있다. 오늘의 신선하고 산뜻한 모습은 어제를 참되게 가꾸는 일이다.

오늘은 어제보다 새롭게 태어나는 모습으로 일신우일신日新又日新한 경지에 도달해야 한다. 긍정적인 안목으로 발전적이고 진취적인 발상이 앞서야 하며 시대적 요구에 부응하는 기상이 있어야 한다.

내일은 이상향의 세계가 아닌, 다만 오늘의 연장선에 있는 우리들의 세계이다. 특별한 모습으로 우리에게 다가서는 미래가 아니다. 오늘을 잘 다듬고 가꾸는 일들은 내일을 미래답게 맞이하려는 밑거름이지 오늘을 아름답게 장식하려는 배려가 아니다.

오늘의 마음가짐이 내일을 창조하는 기대감이자 미래지향적인 의지로써 아름다운 내일을 맞이하게 한다. 새로운 역사 창조는 오늘의 우리 역량이 긍정적으로 다가설 때 이루어진다.

인간의 역사는 사람과 사람의 만남과 인간과 자연과의 만남에서 이루어진다. 인간이 다른 생물과 마찬가지로 진화하고 문명을 창조하는 모든 과정이 어제와 오늘에 이웃을 만나고 그들이 가지고 있는 생각을 하나로 정리한 결과로 나타난 산물이다.

나른한 시간에 지나온 일을 엮어 보았지만 만남과 헤어짐이라는 주제에서 맴돌고 말았다. 예지에 찬 만남이 있고 아름다운 뒷모습을 보이는 헤어짐이 있다면 세상은 살 만하다. 비는 여전히 소리를 죽이며 내리고 있지만 떠오르는 생각은 화려하고 경쾌하지 못하다.

사랑과 행복의 마중길

사랑스러운 마음을 가진 사람은 행복을 느낀다. 행복은 먼 곳에 있는 것도 아니고 아주 오랜 시간이 흘러야 다가오는 미래로부터 오는 것도 아니며 오직 오늘의 내 마음속에 있다.

행복은 자연스럽게 찾아오는 것이 아니라 자신의 의지로 만들어 간다. 연습할수록 몸에 익는 삶의 습관으로 사랑도 행복과 동류의식을 가진다. 사랑스러운 마음은 남을 배려하는 마음에서 출발하는데 돌봄이나 베풂 등과 같이 시혜施惠에 해당하는 착한 마음씨를 일컫는다. 이런 사랑이면 다른 사람에게 영향을 주어 주위의 모든 사람에게까지 행복한 삶을 만들어 준다.

사랑은 종교에서 선호한다. 예수는 참된 사랑이 자신의 희생으로부터 온다는 것을 몸소 보여주었다. 불교에서는 자비심을 강조하는가 하면 공자는 인仁을, 맹자는 측은지심惻隱之心에서 사랑이 움튼다고 했다. 표현은 다르지만 사랑은 배려하는 마음에서 온다는 것을 일깨운 말이다.

우리 민족은 정이 많아 사랑도 사람과 사람 사이에서 건네지는 정으로부터 온다고 믿는다. 서로가 서로를 아끼고 소중하게 여기는 것은 정을 주는 일로써 사랑의 구체적인 마음을 전하는 행위이다. 우리는 사랑한다는 말에 앞서 정을 준다거나 정을 붙인다고 하여 정이 곧 사랑의 범주 속에 포괄될 수 있음을 넌지시 보여 주었다.

성정이나 심정의 정이 마음에서 표출되는 살가운 어휘로 짐작되며 물정이라고 하면 세상살이의 정이고 연민지정은 인정에 포괄된다. 사람과 사람 사이에서 서로 주고받는 정은 우리말에서는 형용사로 구현된다. '애틋하다', '애절하다', '절절하다', '사무치다', '살갑다' 등의 말은 정의 내면적 속성을 묘사해 온 것으로 보인다. 이러한 말에서 보듯이 감정, 정감 등에 가까운 마음이 곧 정이라고 해석된다.

우리는 인연이란 말을 자주 사용한다. 사람과의 관계를 연으로 해석한다.

부모와 나와의 관계도 이미 정해진 연에 의하여 이루어졌다고 해석한다.

철학자 아리스토텔레스는 사람은 자기 자신과 같은 생각을 가지고 있으면서 자기가 바라는 것과 같은 것을 기대하는 사람, 또는 자기와 함께 기뻐하거나 슬퍼하는 사람을 사랑한다고 했다.

부모가 자식을 사랑하듯 자기 자신과 비슷한 사람을 사랑한다는 것이다. 서로 모르는 남녀가 결혼하여 살다 보면 닮아간다고 한다. 어찌 보면 처음부터 자기와 성정이 닮은 사람을 사랑한 것으로 볼 수 있다.

동류의식을 가진 사람이란 함께한다는 것으로 동호인의 성격을 지닌다. 생소한 사람과는 동류의식을 가질 수 없어 사랑을 공유할 수 없다는 이야기이며 마음과 마음이 서로 교감할 수 있음을 말한다.

결국 사랑의 징검다리는 인연이며 행복은 그 다리를 건너오는 사랑으로부터 맞이할 수 있다. 사랑은 움직이는 것으로 우두커니 앉아서 기다려도 찾아오는 것이 아니라 먼저 다가가서 배려하는 겸손한 마음과 용기 있는 자세가 사랑이 된다.

인간은 자연과의 관계를 떠나서 살 수 없다. 자연은 우리에게 많은 것을 시사示唆하고 있다. 자기 혼자만의 사랑이 아니라 신비감, 경외감 등을 안겨 주며 우리를 행복의 길로 인도한다.

인간은 예로부터 행복해지려는 욕망을 간직하며 그 방법을 찾고 있었다. 신비스러운 자연에서 그 방법을 찾으려고 토테미즘 같은 원시종교를 창시하기도 했으며 초자연적 현상에 기대려고도 했다.

사람은 어떤 면에서나 정상에 오르면 행복할 것이라 믿었다. 그러나 어느 지점에 오르면 행복해지는 그런 곳은 없다. 부를 축적하든 입신출세를 하든 명예를 중히 여기든 행복은 따라오지 않는다.

행복이 물질적 면에서 얻는 것도 일부분 차지하겠지만 정신적인 면을 더 소중하게 다루고 있음을 알 수 있다. 행복한 마음을 얻게 되는 것도 물질적인 면이 아니라 자기 자신이 갖게 되는 마음가짐이다. 인간이 종교를 가지게 된 것도 이러한 행복 찾기에서 시작된 것이라 추론推論해 본다.

사람이 무엇을 하든 즐기는 사람에게는 행복이 되지만 싫증을 낸다거나 심성이 곱지 못하다거나, 또 즐거움에서 돌아서는 사람에게는 불행이 이웃한다. 사랑스러운 마음을 다스리고 남을 배려하는 마음이 곧게 자리 잡으면 축복이 다가선다.

행복은 주관적인 명상이다. 자기 자신을 냉철하게 판단하면 남보다 우수하고 행복에 겨워 인생을 허비虛費하고 있음을 깨닫게 된다. 로마의 철학자 세네카Seneca는 "인간은 단지 행복해지기를 원하는 게 아니라 남들보다 더 행복해지기를 원한다. 그런데 우리는 무조건 남들이 나보다 더 행복하다고 생각하기 때문에 남들보다 행복해지기 어려운 것이다."라는 명언을 남겼다.

이 세네카의 말을 사랑과 행복을 마중하는 길목에서 우리 자신을 뒤돌아보는 계기로 삼아야 한다. 따뜻하고 넉넉한 마음으로 나와 내 이웃을 생각하는 배려가 있어야 한다. 진정 내가 내 이웃보다 어려움에 처해 있는가. 나는 이웃을 배려하는 마음가짐이 있었는가.

신세대의 행복추구권

사람은 태어나면서 하늘로부터 인간으로서 갖추어야 할 권리를 부여받고 있다. 천부天賦의 권리를 가지고 태어난다는 것으로 사람은 누구나 평등하다는 논리가 성립된다. 인간은 행복한 삶을 누릴 수 있는 권리를 가지므로 우리 헌법에서는 모든 국민이 인간으로서의 존엄과 가치를 가지며 행복을 추구할 권리를 가진다고 밝히고 있다.

이러한 행복추구권도 다른 사람의 행복을 해치거나 헌법 질서와 도덕률을 위반하지 않아야 한다. 다른 사람의 권리 위에 자신의 권리가 군림하는 것이 아니라 오히려 남의 권리를 존중하는 위치에 있어야 한다는 것이다.

행복은 여러 가지로 해석할 수 있는 개념이다. 사람마다의 생활 조건이나 가치관 그리고 지향하는 바가 다르듯이 행복이라는 어휘도 일괄적으로 풀이할 수 없는 추상적인 개념이다. 그러나 최소한 인간적인 고통이 없고 마음으로 만족감을 느낄 수 있는 기쁘고 즐거운 마음의 상태가 행복이라는 어휘에 합당한 것이라 여겨진다.

사람은 그에게만 주어진 역할 수행이 따르게 마련이다. 누구나 똑같은 환경에서 삶을 영위할 수 없지만 인간이 평등하다는 것은 그에게 주어진 권리가 다른 사람과 평등하다는 것이다. 하느님은 인간에게 권리만 부여한 것이 아니라 의무도 수반해야 한다는 것을 깨우치고 있다. 권리와 의무는 상대성을 지니고 있는 것으로 상대성의 원리 위에 이들을 올려놓고 헤아려 보아야 한다는 것이다.

인생이란 한순간에 성패가 좌우되는 경기가 아니다. 얼마나 성실하게 살아가느냐에 따라 그 사람의 인생이 평가받을 수 있다. 성실하게 산다는 자체가 우리가 가지고 있는 권리와 그에 따르는 의무를 성실하게 수행한다는 말과 상통한다고 할 수 있다.

권리와 의무가 서로 상충相衝하는 행동 강령이 아니라 유기적 협동 체계를 이루어야 한다. 오히려 권리는 의무의 기반 위에서만 빛을 발할 수 있고 가능하다. 의무가 선행되지 않는 권리는 평등사회에서 표방標榜하는 삶의 방식과는 거리가 있다.

권리와 의무는 관념적인 행동 철학이 아니라 하나의 행동 강령이다. 인간이라면 누구나 실천해야 할 덕목이며 도덕적 규범에 해당하므로 이것을 어겼을 때는 남에게 지탄을 받을 수 있으며 심하면 행동 면에서도 제재의 대상이 된다.

설령 의무는 그렇다 치더라도 내가 가지고 있는 권리를 포기하는데 누가 무엇이라 할 것이냐는 반박이 있을지 모르나 그것도 지탄의 대상이 된다. 평등의 원칙에서 벗어나기 때문이다.

우리 헌법에는 누구나 삶의 질을 추구할 수 있는 행복추구권이 명시되어 있다. 행복추구권이라고 해서 누구나 똑같은 환경에서 똑같은 방법으로 삶의 질을 추구한다는 것은 아니다. 사람은 나름대로 자신의 삶을 개척하며 거기에 합당한 행복을 추구해 나가는 것이다.

우리 선인들은 인간이 존엄하고 도덕적이어야 한다고 강조하여 왔다. 도덕적 인간이란 바로 성실한 인간이라고 정의할 수 있다. 또 성실은 인간이 지켜야 할 책임과 의무를 끊임없이 실천하는 사람에게만 있는 것이다.

오늘날의 세태는 대충대충 남의 눈치나 보며 살아가는 사람들이 많다. 그런 사람일수록 인생은 재주껏 사는 것이라고 변명을 앞세우며 우직하게 그리고 성실하게 살아가는 사람들을 업신여기는 수가 많다.

인생엔 개울이나 도랑을 건너뛰듯이 오늘을 건너뛰어 내일을 앞당기는 지혜는 없다. 하나씩 하나씩 오늘을 성실하고 진실하게 챙기면서 다가오는 미래를 마중해야 한다.

젊은 세대, 즉 신세대 사람들에게는 꿈이 있다. 그 꿈은 바로 이상이다. 사람이 다른 동물과 다르다는 점 중에 가장 큰 것은 이상을 가지고 있다는 것이며 그것을 실현하려는 의지가 있다는 점이다. 만약 우리에게 이상이 없다면 희망도 없을 것이고 미래도 없을 것이다. 미래가 없는 삶은 오늘을 기계적으로 살아가는 젊은이에 불과하다.

순박하고 예의 바른 사회 질서가 흔들리고 깨어지면서 개인의 이기주의가 팽배하고 있다. 합리주의에 바탕을 둔 서구의 개인주의와는 다른 차원에서 개인의 이익만을 챙기고 극도로 남을 배척하는 배타주의가 성행하는 사회가 되고 말았다.

신세대는 깨달음이 있어야 한다. 도덕적으로 신선하다는 느낌을 주어야 한다. 진실성이 없고 자신이 우선이라는 그릇된 생각에서의 출발은 시행착오를 남발하기 쉽다.

행복을 추구함에도 도덕적 규범이 필요하다. 먼저 스쳐 간 세대의 철학은 잘못된 것이라는 아집에서 벗어나야 한다. 남을 배려하지 않으려는 젊은이들이 의외로 많지만 이 사회는 더불어 살아가는 지혜가 있어야 한다.

서양인들이 동양철학을 배우려는 의도는 동양의 도덕적인 규범이다. 행복은 결코 나부터 이루어지는 것이 아니라 남을 배려하는 마음에서 출발한다.

신감각 세대의 행복지수

생물은 생존을 위해 끊임없이 진화하며 새로운 환경에 적응하는 연습에 열정을 다한다. 사람이 나이를 먹는 것도 통과의례의 단순한 진행 과정으로 생존을 위한 변화 과정의 하나라고 생각하는 편이 필요하다. 오히려 사회적 책임감이나 경제력에 대한 부담이 적은 면은 긍정적이다.

우리도 고령 나이의 세대로 바뀌어 가고 있는 시대에 살고 있다. 매스컴에서는 이에 대한 사회적 책임감을 이야기하고 있으나 모두가 피상적인 화두에 불과하다. 오늘의 고령 세대는 풍부한 경험의 소유자이며 두려움이 없는 시기이므로 이들의 빛나는 새롭고 기발한 아이디어가 새로운 사회를 창조할 수 있다는 진취적인 이야기는 없다.

현대의 나이 먹은 세대는 과거에 비해 훨씬 젊다. 거리에는 젊고 건강한 고령자들이 넘쳐나고 있다. 노인이라고 부르기가 오히려 부담스러울 때가 많다. 이들의 가슴에는 아직도 식지 않은 열정이 남아 있다.

과거와 같은 세대에 비해 젊은이를 능가하는 활동력을 보이는 젊음이 있다. 천수를 다하지 못했던 시절에는 국외자局外者로 취급되었지만 고령화 사회에서는 인생의 정점을 조금 지난 나이에 불과하다.

미국에서는 이러한 세대를 액티브 시니어Active Senior라고 부르며 젊고 건강한 신중년 내지 신감각 고령자高齢者로 남의 돌봄이 필요 없는 건강한 연장자年長者쯤으로 생각한다. 젊고 건강한 신중년 내지 젊고 패기가 몸에 배어 있는 고령자라는 뜻이다.

우리나라도 고령화 사회로 진입한 지 오래라고 한다. 그러므로 신중년층의 세대가 차지하는 사회적 영향력도 커질 것이며 우리의 미래를 책임지는 매우 중요한 역할을 할 것이다. 또한 삶에 대한 행복지수도 높아질 전망이다.

영국의 루이스 월포트Lewis Wolpert 교수는 연령이 높은 사람이 행복지수가 높다고 했다. 노년에 나이가 들면서 자기 생각의 시간이 여유로운데 자신이 좋아하는 시간을 마음대로 이용할 수 있기 때문에 행복지수가 전 생애 중 가장 높다고 했다.

그런데 우리나라 청소년의 삶의 행복지수는 OECD 국가 중 하위에서 맴돌고 있다. 여기에는 여러 가지 요인이 있겠지만 정체성과 자립성을 길러주지 않은 것이 가장 크다.

청소년이면 부모에 대한 의존성에서 벗어나야 한다. 미국인 부부가 아이를 데리고 길을 가다가 아이가 넘어졌는데 아이가 자력으로 일어나 다시 걷기 시작할 때까지 일으켜 세우거나 부축하지 않고 기다리던 광경이 인상적이었다.

서구 사회에서는 교육도 고등학교 이상은 본인이 선배나 교사와의 상담에 의하여 스스로 자립적으로 해결하며 부모의 의존에서 벗어나 독립하는 생활을 한다고 한다.

외국의 조사 기관에 의한 행복도 조사에서 10대에서 40대까지는 행복도가 그다지 높지 않았다고 한다. 이러한 추세가 64세가 되어서야 높아지기 시작하다가 인생의 황혼기에 접어든 74세가 되면서 삶의 행복도가 높게 나왔다.

젊어서는 개인적으로 결혼, 자녀 교육 등 한 가정을 이루는 일이 급하고 사업 성공이나 직장에서의 승진 등이 중압감으로 다가서므로 스트레스를 많이 받아야 하는 세대이기에 행복지수가 낮을 수밖에 없다.

다른 연구에서는 젊은 세대에 비해 나이 든 세대는 삶에 대해 감사하는 마음이 높게 나오는 경향이 있어 삶의 행복지수도 높게 나온다고 했다. 이러한 세대를 우리는 아름다운 노년이라 부르게 된다.

앙드레 지드는 인간이 늙는다는 것은 자연 현상이지만 아름답게 늙는 것은 선택적이라고 했다. 아름답게 늙는 방법은 여러 가지가 있겠지만 먼저 신선함이 있어야 하며 새로움을 발견하려는 정신적 젊음이 있어야 한다.

신감각 고령자로서 지나온 시간을 반추하지 않고 인생의 신선한 리듬을 창조하는 정신이 있어야 한다. 인생 70의 새롭게 태어나는 중년은 풍부한 경험의 소유자이다. 수많은 시행착오를 거치면서 오늘보다 내일을 중시하면서 살아온 세대이다.

국내외의 새로운 시장을 개척하며 성공도 많았지만 실패의 아픔도 누구보다 많이 겪었다. 실패의 아픔은 실의와 좌절을 가져온 것이 아니라 새로운 도전의 정신력이 되어 우리에게 풍요를 안겨 주었다.

새로운 감각이 몸에 배어 있는 사람은 쉬어가는 법이 없다. 새로운 마음으로 새로운 인생 설계를 게을리하지 않는다. 다가오는 시간에 대한 뚜렷한 목표를 가지고 보람 있는 마중 길에서 자신을 완성한다.

나이를 먹는다는 것은 인생의 초라함과 쇠퇴기가 아니라 오히려 죽음을 두려워하지 않는 경지에서 인생을 유유자적하는 자연인으로서의 모습이다. 이들에게 나타나는 삶은 만족스러운 모습이다.

사람이 사람답게 사는 것을 Well Being이라 하며 사람답게 늙는 것을 Well Aging이라 한다. 우리는 Well Aging 정신으로 화려한 늙음을 장식하는 마음가짐이 필요한 시대에 살고 있다. 사람다운 늙음을 맞이하기 위하여 정신만큼은 젊음을 유지해야 한다.

일신日新하는 마음

사람들은 어제를 추억이라는 그림으로 포장하여 가슴에 품고 가끔 꺼내보면서 흐뭇한 미소를 띤다. 다가오는 내일은 꿈이 이루어질 것이라는 기대감으로 마음을 부풀게 하는 꿈의 종착역이라는 것을 알면서도 희망을 내려놓지 못한다.

그러나 어제는 역사라는 이름으로 화석화되었으며 내일이 우리를 기다리고 있는 듯이 보이지만 언제까지나 가능성으로 존재할 뿐이다. 뚜렷한 모습으로 눈앞에 펼쳐져 있는 삶의 현주소는 어디까지나 오늘이다.

사서삼경四書三經 가운데 『대학』에 일신우일신日新又日新이라는 말이 있다. 날로 발전된 삶이 되게끔 노력하며 살라는 뜻이다. 긍정적 마음과 지혜로운 눈으로 살아가는 오늘의 삶이 내일을 만들기 때문이다.

사람들은 꿈과 희망을 내일에 맡기지만 그것은 환상에 불과하다. 그것이 이루어지는 내일이라면 오늘에 이루어질 수 있다는 긍정적이고 자신감에 찬 하루를 만들어야 한다. 그것이 일신이고 우일신의 모습이다.

우리는 하루를 살면서 어제와 오늘과 내일을 위해 세 등분으로 나누어 그 하나씩을 간직하며 살아간다. 오늘에 살면서 지나간 일에 온통 마음을 빼앗기는 날이 있는가 하면 다가올 내일의 환상에 젖는 때가 많다.

과거지사를 말할 때는 누구라고 지칭하지 않아도 모두가 연민의 정을 느낀다. 다시 한번 살아볼 수 있다면 주어진 시간을 뜨겁게 사랑하며 살아보고도 싶고 사람과 사람 사이에서 맺어지는 세상살이를 후회 없는 삶으로 엮어 보고 싶다고 지나간 시간을 그리워한다.

미국의 철학자 조지 산타야나Gearge Santayana는 "과거를 기억하지 못하는 자는 과거를 되풀이하는 저주에 빠질 것이다."라고 했다. 따라서 지나간 일은 과거로서의 의미를 간직해야 한다.

오늘을 사는 사람들이 지나간 시간을 만족스럽지 못한 삶이었다고 후회하지만 오늘은 지나간 시간이 만들어 낸 흔적이다. 지나간 삶이 어떤 모습이었든 오늘의 삶은 어제의 삶에서 멀어질 수 없다.

오늘의 삶은 쿨Cool해야 한다. 아침에 일어나면 산뜻하고 신선한 공기를 마실 수 있는 살아 있는 오늘을 맞이해야 한다. 새로운 오늘을 만들라는 일신의 명제命題는 살아 움직이는 오늘, 싱싱한 오늘, 끊임없이 발전하는 오늘을 살아가라는 것이다.

오늘은 지나간 삶의 연장선 위에 있고 그 삶이 탐탁하지 않다고 여기는 부정적인 생각에서 벗어나야 한다. 오늘은 새로운 시작이며 긍정적인 눈으로 세상을 바라본다면 세상살이는 한결 만족스럽고 행복해질 수 있다. 행복은 다름 아닌 만족스러운 세상살이로 늘 사랑이 함께한다.

내일은 희망과 행복한 삶이 이루어질 것이라고 믿는 사람이 많지만 그것은 어디까지나 꿈의 세계이다. 꿈이란 언제나 현실성이 없는 일장춘몽一場春夢이나 남가일몽南柯一夢에서 보듯 허망하고 부질없는 세계로 통하는 문이 될 수 있다.

오늘의 삶에서 만족을 얻지 못하는 사람들은 내일이라는 막연한 미지의 세계를 행복이 기다리고 있다고 굳게 다짐하며 기다린다. 그러나 내일은 어제의 삶과 같이 화석화되어 변할 수 없는 삶은 아니지만, 가능의 세계로만 남아 있어 언제 어떻게 변할지 예측하기 힘들다.

진정으로 내일의 행복한 삶을 바란다면 오늘을 일신하고 우일신해야 한다. 성공은 긍정적이고 의욕적인 생각에서 출발하므로 오늘을 쇄신하고 어제의 삶보다 긍정적인 삶이 되도록 노력해야 한다. 넉넉하고 서로를 아끼고 사랑하는 마음으로 오늘을 살아야 한다.

사랑은 너그러워지고 칭찬하고 겸손하고 진지해지는 것을 의미한다. 오늘을 사랑한다면 오늘 하루를 마지막처럼 정성을 다하고 평생을 사는 일처럼 길게 그리고 멀리 볼 일이다.

내일은 오직 내일이며 오늘 내일을 미리 재단할 수 없다. 다가오는 미래를 예측하는 혜안으로 내일의 삶을 계획할 수는 있지만 오직 내일만을 위해 오늘의 삶을 희생하며 살 수는 없다.

오늘을 혁신하여 새로운 오늘을 갖추려면 어제의 모든 일을 관용으로 받아들이는 사랑이 필요하다. 무한의 사랑이 아니라 용서로 이루어지는 어제의 역사를 맞이하는 배려가 필요하다.

한편 내일의 꿈을 실현시키려는 안목이 오늘을 지켜야 한다. 어제가 있어 오늘이 탄생했고 내일은 오늘의 그림자로 태어나기 때문이다. 오늘의 그림자가 선명하다면 내일은 밝은 빛을 띨 것이다.

오늘은 신선한 삶으로 새롭게 해야 하며 우리 자신에게 집중하고 우리 삶에 충실할 때 오늘에 만족할 수 있다. 세상은 의연하게 모든 사람에게 다가서고 있으므로 부정적인 시각에서 벗어나야 한다.

세상살이에서 사랑과 넉넉함, 관용과 야망이 적절하게 조화를 이루며 이웃과 웃음을 나눌 수 있는 삶이 세상에 충만할 때 행복은 이미 우리 곁에 와 있다.

축제와 테마thema

근래에 들어 축제에 대한 열기가 전국적으로 요란한 소리를 곁들이며 달아오르고 있다. 오늘날의 세속적 축제들은 종교적인 성격의 축제들과 연관을 맺으며 이루어지고 있다. 원래 축제라는 어휘는 종교적 성격을 띤 말로 대부분의 축제는 그 배경과 성격이 종교적이다.

우리말에서 축제는 제례의식을 축하하는 마당이라는 뜻으로 해석되며 서양의 페스티벌festival도 종교적인 성격을 띤다. 우리나라 축제는 강릉 단오제와 같이 종교적인 색깔이 있는가 하면 사회적 문화적 행사를 기념하는 축제들도 다양하게 열리고 있다.

오랜 시간을 지내며 발전해 온 축제는 그 시대의 신앙, 지식, 예술, 도덕, 관습 등을 놀이의 형식으로 구조화하여 형상화한다. 요즈음에는 종교적인 빛깔보다 토속적이고 문화적인 빛깔로 더욱 인기를 끌고 있다.

같은 성격의 축제라고 하더라도 그 지역의 특성을 살리고 함께 참가하는 의지가 있어야 한다. 우선 축제를 위한 주제 의식이 뚜렷해야 한다. 축제를 위한 주제가 아니라 주제를 위한 축제가 되어야 한다.

축제는 지역 공동체가 가지고 있는 고유한 지역성과 풍속을 집약적으로 보여주는 문화 현상이다. 따라서 주제도 지역성을 창의적으로 발휘할 수 있는 모델이 있어야 한다.

오늘날 축제는 모방과 관광의 이미지에서 벗어나지 못하고 있다. 어느 지방의 어떤 축제가 인기를 끌고 있다고 하면 깊이 생각하는 겨를도 없이 그것을 따라가고 있다.

오랜 시간과 함께 발전해 온 진해 군항벚꽃축제를 모방한다거나 화천 지방의 산천어축제가 대중의 인기를 끌자 너도나도 그와 비슷한 축제를 마련하여 시행하고 있다.

자신들의 주제 의식에 의해 축제를 마련한 것이 아니고 다른 지역의 주제를 빌려온 것이다. 이것은 내 것이 아니라 남의 것이고 창의적인 발상에 의한 축제가 아니고 모방에 불과하다.

축제는 구성원들의 친목과 결속을 다지며 생활에 지친 마음을 풀어주는 구실을 하는 휴식을 위한 놀이마당이다. 놀이마당이란 휴식에 의한 자신의 몸을 돌볼 수 있는 기회를 얻는 치유의 성격을 띠면서 더불어 생활하는 공동체에서 자신을 돌아볼 수 있게 해 주는 것이다.

축제는 우리의 것, 내 것이 되어야 한다. 구성원들이 마음을 함께하는 일심동체가 되어야 한다. 서로 협력하고 봉사하는 정신을 앞세워 공동체 구성원들이 우리의 것을 존중하는 정신이 있어야 성공할 수 있다.

다음으로 축제는 지역 공동체의 폭넓은 의견을 수렴하고 무엇을 우리의 것으로 나타낼 것인가를 고심하는 지혜가 있어야 한다. 그것이 축제를 우리의 것으로 만들고 지역 공동체의 문화를 갖추는 일로 바로 창의적인 주제 의식이다.

주제 의식이 뚜렷하면 신선하고 명랑한 기분을 준다. 축제가 문화적이든 토속적이든 먼저 주제가 설정되고 역사성, 사회성, 전통성을 구체화한다. 즉 이 모든 사항은 주제 의식이 선결 과제로 등장하는 것이다.

축제는 진부함을 벗어나서 새로움이 있어야 한다고 주장하는 사람도 있다. 구태의 탈을 벗고 새롭게 탄생해야 한다고 한다. 전에 보았던 축제의 모양새나 새로 선보이는 축제가 똑같은 성격과 구성이라면 볼거리가 없다는 것이다. 세상은 새롭게 발전하는데 축제는 제자리걸음으로 다가서면 참관하는 사람들로부터 외면당한다는 것이다.

문화적 축제나 관습적인 축제는 전통성을 중요하게 여긴다. 이러한 축제는 일회성이 아니라 과거와 현대를 잇는 구심 역할을 한다. 이러한 축제들은 사회적 심리적, 요구를 충족시키는 데 이바지해 왔으며 사회적 공동체를 결속시키는 역할을 했으므로 전통성이 중요하다.

민속축제는 공동체의 정체성과 결속을 다지는 기능이 있다. 강릉 단오제는 유네스코에 등재된 민속축제로 과거로부터 전래하면서 지역 공동체의 구심점을 유지하며 지역적, 사회적 결속을 보여주고 있다.

과거에는 단순한 사회 현상을 보였지만 현대로 오면서 의식적인 개혁이 젊은 세대에 확대되며 과거를 버리고 현재의 의식을 지향해야 한다는 생각이 팽배하고 있다. 그러나 민속적인 축제는 아무리 진보된다 하여도 전통에서 벗어나는 길을 택할 수 없다.

요즈음에 와서 축제는 전통성을 이어오는 것도 있지만 관광의 이미지로 열리는 곳이 많다. 지역경제 활성화를 위한 축제로 구성원의 결속을 다지는 것은 뒷전으로 밀려나고 있다.

확고한 주제 의식으로 축제를 구성하고 결과를 도출하는 일 없이 우선 축제마당을 여는 일회성 축제는 무성의한 놀이마당이 되고 만다. 축제는 우선 주제 설정이 있어야 하고 지역 공동체 구성원들의 결속을 다지는 일이 중요하다. 이러한 축제가 되어야 지역의 역사를 간직하며 전통성을 지킬 수 있다. 축제를 위한 주제 설정이 아니라 주제를 살리는 진정한 축제가 되어야 한다.

마음의 여백을 다스리며

회화繪畫에서는 여백餘白을 통해 무한한 감성을 잠재우며 채워져야 할 부분을 비워 둠으로써 상상력을 동원하는 기법을 사용한다. 말하자면 여백이란 실제로 사물이 존재해야 할 곳을 비움으로써 마치 미완성으로 보이는 듯한 과감히 생략된 공간을 뜻한다.

동양화에서는 여백의 미가 미완의 보잘것없는 아름다움이 아니라 남이 생각하지 못하는 완성의 미를 자랑한다. 여백은 단순히 비어 있는 공백을 뜻하는 것은 아니다. 여백은 의도적으로 남겨 둔 여유로움이 있는 곳이지만 공백은 의도적이 아닌 비어 있는 곳이다.

우리는 일상생활을 통하여 즐거운 일이나 괴롭거나 슬픈 일들을 겪으면서 수많은 생각을 마음에 간직하며 스트레스에 시달리고 있다. 버리고 잊었으면 좋으련만 그러지 못하고 갖가지 생각들로 마음고생을 하면서도 비우는 지혜를 터득하지 못하고 있다.

좋은 음악을 들으면 그것을 담아둘 수 있는 곳, 넉넉하고 넓은 아량으로 이웃을 사랑할 수 있는 마음을 간직할 수 있는 곳이 마음의 여백이다. 복잡한 현대사회에서는 안정된 맑은 정신으로 번뇌에서 벗어나고픈 마음가짐이 더욱 간절하다.

마음의 여백이 없는 사람은 감동적인 시나 아름다운 음악도 그저 무미건조한 정서로 여길 뿐이다. 감동적인 정서를 일깨우는 명약名藥은 마음을 비우고 여백을 갖는 일이다.

마음의 여백은 순수를 담아 두는 그릇이다. 이 그릇에 부정적인 생각이나 굴곡진 내용이 담길 수도 있지만 긍정적이고 아름다운 그림이 채워져 인생을 풍요롭게 한다. 풍요로움이 없는 인생은 번뇌에 찬 삶으로서, 늘 괴롭고 우울하고 의욕을 상실하여 행복이라는 단어와는 거리가 멀어진다.

인생의 긴 여정을 남겨 둔 젊은이들에게 마음의 여백은 꿈을 담아 두는 그릇이며 내일을 향한 길에서 만나는 안식처가 된다. 꿈은 여백과 마찬가지로 미완의 미를 자랑하면서 언제인가는 이루어질 것이라는 기대가 있는 공간이다.

시는 긴 이야기를 문학적 수사로 다듬어 간결하게 표현하는 함축미가 있다고 한다. 함축하고 있는 이야기를 풀어 쓰는 일은 늘 독자의 몫이다. 독자는 시인이 남겨 둔 이야기를 찾아 아름다운 말로 해석한다. 시에서 함축되는 미는 마음의 여백과 동질성을 띤다.

회화에서 여백은 감상자에게 나름의 이미지로 재생되어 완성도를 높인다. 감상자는 채워진 부분을 통해 비어 있는 부분을 자신의 생각을 동원하여 사진보다 더 생생한 모습으로 재생한다. 수묵화에서 수묵의 자연스러운 번짐과 대비를 통하여 덧칠 없이 빈 공간을 남겨 두지만 머릿속에는 완성된 그림이 구현된다.

우리는 동양화의 여백의 미를 연상하면서 마음을 비우라고 쉽게 말한다. 그러나 우리 생활이 깊은 산속에서 자연을 벗 삼아 혼자 사는 삶이 아니고 사회 공동체와 더불어 살아가기에 마음을 비운다는 것은 수도자나 종교인에게서나 바랄 수 있는 일이 아닌가.

여백은 가능성을 간직한 어휘로 비어 있는 자리는 긍정적이고 참신한 것들로 채워지기를 바란다. 회화에서 여백은 모자람 때문에 남겨둔 것이 아니라 고도의 심리적 기법으로 비워둔 공간을 감상자의 몫으로 채워가기를 바란다.

여백은 절제미節制美로 말 그대로 생략된 표현에 그칠 수 있으나 절절한 배치와 표현력에 의하여 이루어진다. 인간의 세상살이에서 절제된 표현으로 내가 아닌 남을 배려하는 마음이 필요하다. 마음의 여백을 감칠맛 나게 포장하는 수단은 겸손과 배려에서 살아난다.

우리는 살아가면서 마음의 빈 곳을 채워줄 수 있는 정신력과 감성을 키워야 한다. 사랑이 필요한 사람에게는 그것을 채워주고 정이 필요한 사람에게는 정을 심어줄 수 있는 사람이 되어야 한다.

사람들은 보람 있는 삶을 원한다. 그것은 오늘의 내가 아니라 발전된 미래의 삶으로서 진취적 기상과 긍정의 힘으로 찾아가는 곳이다. 인생의 여정은 언제나 어려움만 기다리고 있는 것은 아니며 때로는 즐거움과 환희에 찬 기쁨도 있다. 우리가 찾아가며 그리는 그림은 세상살이로서, 완성된 그림은 행복이다.

마음의 여백은 완성되는 그림을 그리기 위하여 늘 비워두는 곳이다. 누구나 언제든지 찾아와서 빈 곳을 인생의 참됨과 참신한 생각으로 채워가며 자신의 인생을 완성하면 된다. 그러나 마음의 여백은 한 번 채워지면 다시 끄집어내어 수정할 수는 없다.

회화에서 여백을 둠으로써 감상하는 사람이 여러 가지 그림을 상상하며 머릿속으로 그리면서 완성된 작품을 만들어 내듯이 우리는 마음의 여백에 참신하고 올곧은 지혜로 채워가면서 참된 삶으로 태어나게 하는 여유를 간직해야 한다.

삶의 지혜가 담긴 글

사람들은 살아오면서 픽션fiction이건 사실에 근거한 일상이건 자기의 생각을 글로 나타낸다. 자기의 생각을 가슴에 담아두지 않고 밖으로 표출하려는 표현 욕구가 작용하였겠지만 굳이 상관할 일은 아니다.

글은 필자의 심성이 반영되어 글의 성격을 말해준다. 마음이 넉넉하고 안정감이 돋보이는 글이라면 감정의 기복도 요란하지 않고 평화로운 소리를 내며 물 흐르듯 유유한 모양새를 띤다.

인생의 정체성이 확립되지 않은 젊은이들의 글은 안정감을 찾지 못하고 기복이 심할 때가 있다. 질풍노도기疾風怒濤期의 발랄한 젊은이들의 기질과 서로 연관이 있다고 하겠으나 한편으로는 낭만적인 기상을 엿볼 수도 있어 때로는 보기에 좋다.

겉으로 드러내지 않았지만 사람의 심금을 울리는 날카로움이 있어 읽으면 읽을수록 그 맛과 멋이 싱그럽게 피어나는 글이라면 모든 이들에게 칭송을 받을 수 있다. 누구나 그런 글을 쓰고 싶고 그러기 위해 갖가지 노력을 아끼지 않는다.

처음 글쓰기를 할 때는 남의 아름다운 구절을 옮겨오거나 미사여구를 동원하여 글을 치장하려고 노력한다. 그러나 이러한 글은 포장은 잘 되어 보기에는 좋지만 내용은 늘 부실하여 저자著者의 사상과 규범성, 인생관과 세계관이 없다.

글은 주제가 뚜렷하고 구성이 치밀하여 어떤 비바람에도 흔들리지 않고 뛰어난 표현력으로 맛과 멋을 보일 때 독자의 마음을 유혹할 수 있다. 글이라는 건물을 지을 때는 주제와 구성, 표현은 기본 재료이며 여기에 저자의 뚜렷한 인생관이 내면을 장식해야 한다.

살아오면서 은연중에 얻어지는 인간의 품성과 사회성이 어울리며 만들어지는 삶의 지혜가 글자 너머에 나타나는 빛깔로 응집되어 글의 품격을 빚어내야 한다.

지은이를 밝히지 않았는데도 글을 읽으면 누구의 글이라는 것을 대뜸 알 수 있는 것도 글자 속에 숨겨진 글의 빛깔 때문이다. 표현 기교가 다채롭고 화려하고 주장이 뛰어나다고 해서 우수한 글이 되는 것은 아니다.

평상시와 다름없이 담담한 마음으로 글을 썼으나 그 속에 간직된 내용은 삶의 지혜가 용트림하듯 읽는 사람의 가슴을 치며 감동을 주면, 읽고 나서도 여운을 남긴다.

당나라 시인 이백李白의 시는 호탕하고 낭만적인 시선에서 술이 익듯 빚어진다. 심금을 울리는 그의 시는 어떤 권력이나 권위도 아랑곳하지 않는다. 마음에 울리는 시상을 일필휘지로 내려 받으면 된다.

이에 반하여 두보杜甫의 시는 나라를 위하고 백성을 사랑하는 정신이 두드러진다. 글자 하나라도 흐트러짐이 보이지 않는 성실함과 진심이 반영된다. 그래서 그의 시는 글자 하나마다 갈고 다듬는 노력이 동반되었다.

글을 읽고 그 사람이 보여야 좋은 글이라 했다. 이백과 두보의 시에 지은이를 밝히지 않았다고 해서 누구의 시인지 모를 수가 있겠는가. 이들의 시에는 지은이만의 빛깔이 어느 누구보다도 선명하게 드러나 있지 않은가.

송나라 때의 문장가인 장자張鎡는 글자 너머에 있는 빛깔 있는 문장을 쓰라고 했다. 글자 너머로 작동하고 있는 한 가지 물건이 있어야 어떤 글을 써도 그 사람의 빛깔이 나온다. 그리고 수사가 뛰어나고 주장이 제아무리 훌륭해도 이 한 가지 물건이 없으면 그저 그런 글이 되고 만다고 했다.

그는 『사학규범仕學規範』에서 글을 세 등급으로 나누어 말했다. 가장 낮은 등급인 하등의 글은 담긴 뜻이 용렬해서 온통 말을 쥐어짜 내기만 일삼는 글이라 했고 그보다 상위에 해당하는 중등의 글은 마음껏 내달려 모래가 날리고 돌멩이가 튀는 글이라 했다.

용렬하다 함은 사상이 정립되지 않고 어리석어 글을 쓰기에는 미흡함을 이르며, 모래가 날리고 돌이 내닫는 사비주석沙飛走石은 정체성이 확립되지 않은 젊은이들의 불꽃 모양 치솟는 마음을 대변하며 잠깐 사람의 눈을 놀라게 할 수는 있겠지만 오래 가지 못하는 글이다.

가장 으뜸에 해당하는 상등의 글은 예봉銳鋒을 감추어 드러내지 않았는데도 읽고 나면 절로 맛이 있는 글이라고 했다. 담담하게 글을 이어갔으나 뒷맛을 남기는 글이며 한결 여운이 감도는 글이다.

글은 자기를 위한 것이 아니므로 다른 사람을 감동시킬 만한 힘이 있어야 한다. 글줄이나 쓸 줄 안다고 하는 사람들의 가장 큰 결점은 자기만이 감동하고 다른 사람의 마음 씀씀이를 알지 못하는 자아도취형의 사람들이다.

글은 삶의 지혜가 번득이는 인생관이 있어야 하며 감성과 체험과 사상이 어우러지는 이야기가 자기만의 빛깔을 낼 수 있는 이미지로 변하여 글을 읽는 사람의 마음을 감동시켜야 한다.

감동이 없는 글은 건조한 느낌을 준다. 이러한 글은 읽는 사람으로 하여금 지루한 느낌을 준다. 감흥이 없는 글은 부담감을 주기도 하며 독서하는 중도에서 멈추게 한다.

글은 생각하는 마음에서 출발한다. 그러므로 생각의 힘을 길러야 글에 힘이 붙는다. 생각이 감동을 줄 때 글은 감동적인 걸음마로 독자에게 다가가며 그 감동의 여운은 오래도록 가슴에 머물며 이웃에게 전파된다.

주관적인 감동은 개인의 것으로 더불어 살고 상생하는 현대

사회에서는 찬사를 받을 수 없다. 이지적이고 객관적인 사고를 중시하는 민주사회에서는 나와 너를 아우르며 더 나아가서는 인류가 지향하는 행복한 삶을 받아줄 수 있는 생각이어야 한다.

행복한 삶을 위해서는 지혜가 필요하다. 너그러운 마음과 서로를 배려하는 심성이 삶을 올곧게 하고 사랑이 충만한 일상을 보임으로써 만족스러운 삶을 우리는 행복이라는 단어로 마감한다.

글은 읽으면서 막힘이 없어야 한다. 완만한 경사를 오르듯 약간은 숨찬 언덕배기가 있어 쉬어 가면서 한숨 돌리는 길이라고 하더라도, 읽으면서 감동적인 장면이 떠오르면 급히 내려오게끔 해야 한다.

많은 미사여구로 본래의 의미를 호도하거나 독자를 앞서가면서 길을 안내하듯 필요 없는 설명을 늘어놓는 것도 독자를 피곤하게 만든다. 화려한 문장만이 아름다운 글이 아니며 절제를 알 때 여운이 깃든다. 동양화에서는 여백을 두어 감상하는 사람의 생각을 유도하는 운치를 보인다.

글은 나만의 빛깔을 입혀야 살아난다. 사람마다 개성이 있듯이 글에도 그 사람의 개성이 입혀져 나타날 때 독특한 감동을 얻을 수 있다. 개성적인 글이란 그가 아니면 도저히 이루어 낼 수 없는 그만의 생각과 그만의 필치로 이루어 놓는 글이다.

사람들은 자신의 지식을 화려하게 펼치기 위해 현학적인 어투로 장광설을 늘어놓는 어리석음을 범하기도 한다. 글도 현학적으로 모든 것을 한꺼번에 설파하려고 하면 일의 가닥이 흐트러져 결국은 몽매한 자신의 속살을 보이게 된다.

글은 삶에 녹아드는 지혜가 있어야 한다. 삶을 엮어 가자면, 진리가 번득이는 지혜와 참됨과 아름다움이 서로를 아끼고 보듬어 주는 사랑이 있어야 글도 그가 간직한 예봉을 꺼내 든다.

장자張鎡의 문유삼등文有三等에서 상등에 해당하는 글이 되자면, 삶에 녹아든 지혜가 있어 뒷맛이 오래도록 남아야 한다. 읽고 나면 개운한 맛에 이끌려 다시 보고 싶은 글이 된다.

글은 지은이의 빛깔이 은은한 가운데 묻어나며 삶의 지혜가 가는 곳마다 숨 쉬어야 한다. 아름다운 글만이 빛깔 있는 글이 아니라 지혜가 번득이는 글이 심금을 울리는 글이다.

감사와 배려의 만남

인간의 정서는 때와 장소를 가리지 않고 사람의 마음에서 피어나고 가늠하기 힘든 경지까지 헤엄치듯 흘러간다. 매일 아침 눈을 뜨면서 떠오르는 생각이 정서와 어울리면서 하루를 시작하게 된다.

자기 정체성이 확고하게 자리를 잡지 않은 젊은이의 세대는 떠오르는 생각도 일정하게 자리 잡지 못하고 방황하는 경우가 대부분이다. 안정된 생각으로 자신의 마음을 다스리게 되면 마음으로 흐르는 정서도 평화로운 자리를 잡게 된다.

인간의 정서는 사람마다 소용돌이치는 상념에 따라 여러 모습으로 나타난다. 기쁘고 슬퍼하는 칠정의 모습으로 형상화할 수 있기도 하지만 마음에서 새로운 움이 솟으면 심성으로 태어나 마음씨를 올곧고 아름답게 다듬어 주기도 한다.

사람은 행복한 삶을 위해 일생을 피나는 노력으로 담금질하며 매일 닥치는 고난 극복에 온 정열을 다한다. 그러나 행복은 그리 쉽게 찾아오는 그늘막이 아니다. 감사하는 마음과 배려하는 마음이 하나로 만나 인간을 인간답게 보살펴 주어야 행복한 날이 문을 연다.

인간이라면 누구나 감사하는 마음을 가진다. 나를 이 세상에 태어나게 한 신에게 감사하고 다음으로 부모 그리고 친절한 이웃 사람에게도 감사한 마음으로 보답한다. 초월적 절대자에게 감사를 드리면서 행복한 삶이 자신에게 부여되기를 기도하기도 한다.

그러나 행복은 절대적인 것이 아니고 변수가 많은 상대적 산물로, 마음먹기에 따라서 행복하기도 하고 불행할 수도 있다. 따라서 모든 것을 비판적으로 가늠하기보다는 긍정적이며 적극적인 자세로 다가서는 편이 행복에 더 가까이 갈 수 있다고 본다.

감사하는 마음은 특별한 상황이 아니라 하더라도 인간에게 행복한 순간을 선사하며 아름다운 심성을 심어 주기도 한다. 사람들은 감사하는 마음을 간직하기만 해도 감사를 받을 사람을 머리에 떠올리며 푸근하고 정겨운 심성을 품게 된다.

푸근하고 정겨운 심성은 바로 행복한 삶을 마련해 주는 마음가짐으로 행복은 멀리 있는 것도 아니며 아주 특별한 경우에 나타나는 것도 아니고 보편적인 일상에서 만나게 된다.

감사하는 마음과 더불어 우리는 남을 배려하는 마음도 함께 아우르며 살아가는 지혜를 배워야 한다. 배려는 남을 위하는 마음가짐으로 이웃의 마음을 살피고 존중하려는 인간성의 한 덕목이다. 배려의 대상이 되는 사람의 마음에 누累가 되지 않도록 그 사람의 기분을 살피고 존중하는 마음이 있어야 한다.

우리는 사람과 사람 사이에서 인연을 쌓으며 서로의 관계를 정립하고 더불어 생활한다. 현대사회는 의도적이든 무의식적이든 사람과 사람들이 스쳐 지나가듯이 살아간다. 더불어 생활한다는 것은 자기만을 위한 유아독존唯我獨尊의 삶이 아니라 이웃과 동행하는 생활이므로 남을 배려하는 사회공동체의 삶을 실천해야 한다.

오늘날 민주사회에서는 상생과 토론이 중심이 되어 상대방의 의견을 존중할 줄 아는 이가 일의 효용성을 발휘한다. 토론을 하면서 나와 다른 의견에 부정적인 반응을 보인다면 건전한 결과를 도출할 수 없으며 심하면 서로의 관계에 금이 생길 수도 있다.

배려의 마음은 내가 상대방에게 다가서는 행위이다. 그러자면 친절한 마음이 선행해야 하며 남을 사랑하는 마음, 이웃을 공경하는 마음, 사회생활에 필요한 예의와 나를 낮추는 봉사 정신이 있어야 한다.

남을 배려하는 마음은 상대적으로 나에게는 번거로움이 따른다. 그대로 무심히 지나쳐도 될 일을 마음에 담아두어야 하며 상황에 따라 즐거운 마음으로 상대의 마음에 기쁨과 신선함이 나타나게 해야 한다.

아침 산책길에 처음 보는 사람에게서 반가운 인사를 받은 적이 있다. 신선한 느낌과 하루 내내 좋은 일이 생길 것이라는 기대감이 충만하였다. 아침 인사를 건넨 사람의 작은 친절 하나가 행복감을 실어다 주었다.

아테네의 시인 메난드로스Menandros는 마음을 자극하는 유일한 사랑의 영약靈藥은 진심에서 우러나오는 배려라고 말했다. 배려하는 마음의 첫걸음은 친절한 마음에서 출발한다. 친절한 마음은 남을 비난하지 않고 긍정적으로 받아들이는 자세가 필요하다.

이러한 생활 자세는 모순에 찬 현실이라 하더라도 얽힌 것을 풀어주고 어려운 일도 수월하게 해결하는 힘이 된다. 어둡고 암울한 현실적 매듭도 쉽게 풀어주어 환희에 찬 모습으로 다가서므로 행복한 모습이 번쩍인다.

배려하는 마음은 감사하는 마음과 맥을 같이하며 나에게 친절을 베푼 사람에게 감사의 마음을 보내며 건강한 사회를 이루어 행복이라는 종착역에 이르는 덕목이다.

인간은 어떻게 살아가든 방법에 구애받음이 없이 명랑한 사회에서 이웃과 더불어 기쁨과 즐거움이 가슴에 번지는 삶을 바란다. 내일 지구의 종말이 온다 해도 나는 오늘 한 그루의 사과나무를 심겠다는 스피노자Spinoza의 명언이 아니라도 넉넉한 마음으로 희망이 보이는 내일을 기다린다.

넉넉한 마음이 흐르는 세상은 여유로움이 있다. 세상이 급격하게 돌아간다고 하지만 배려하는 마음, 아량이 넘쳐나는 세상, 조금만 비켜 가면 마음이 푸근하게 너그러움을 간직할 수 있는 세상은 늘 우리를 반겨준다. 그러한 세상은 행복이 숨 쉬는 세상이라고 감히 힘주어 말하고 싶다.

요즈음 대중교통의 지하철이나 시내버스를 이용하는 때가 있다. 어느 곳이나 장애인이나 노약자, 임산부 등을 위한 좌석이

지정되어 있음을 쉽게 발견할 수 있다. 먼저 탑승한 승객이 이들 좌석에 앉았다가 벌어지는 풍경은 우리들의 모습이며 행복이 오가는 모습이다.

한 번은 나이 든 분이 임산부에게 자리를 양보하는 모습을 보았다. 여인의 사양에도 끝내 자리를 양보하면서 "젊은 양반! 이 자리는 내 자리가 아니오. 새댁 같은 임산부가 앉으라고 지정한 자리요."라고 한마디 던진다.

자리를 양보한 분의 얼굴에는 불편한 기색보다 은은한 너그러움이 번지고 배려의 아름다움이 입가를 스치고 있었다. 역시 이 세상은 살 만한 아름다움이 있다는 어느 시인의 말이 순간적으로 마음에 와닿는다.

그러나 저두족低頭族의 모습을 발견할 때에는 상쾌하고 신선한 느낌보다는 우울한 기분을 떨칠 수 없었다. 과거에는 자리를 양보하기 싫어 잠이 든 척하는 수면족이 대세를 이루었는데 요즈음에는 스마트폰에 빠져 머리를 숙이고 위로 쳐들지 않는 저두족의 젊은 세대가 유행을 탄다.

배려의 아름다움이 번지는 세상, 감사하는 마음에서 솟아나는 신선함이 느껴지는 세상이 그립다. 문명이 발전하는 세상만이 살 만한 무릉도원이 아니라 감사와 배려가 손잡는 아름다움을 창출할 수 있다면 너그럽고 넉넉한 마음에서 평화와 행복을 맛볼 수 있다.

나이 든 노년층이 젊은이보다 더 행복하다고 하는데 노인이라고 누가 대접해 주는 것이 아니고 스스로 만족하며 만들어 가기 때문이란다. 노인은 작은 것에도 감사하며 사랑의 마음을 가지고 남을 배려하면서 겸손하게 살고 있어 노후의 삶이 참으로 행복하다는 것이다.

요즈음 젊은이 세대들은 기계적인 삶을 산다고 한다. 어쩌면 기계에 자신의 삶을 빼앗기며 윤리의식을 기계에 저당 잡혀 있다. 이들에게 감사와 배려의 세상살이를 찾아주고 싶다.

배려하는 마음이 있어 감사하는 마음이 동행하며 이 세상을 친절하고 넉넉하게 가꾸어 내일의 행복을 위해 다림질한다.

한恨에 젖은 정선아라리

우리 민족은 한을 안고 살아간다고 한다. 민초의 삶은 한의 정서를 가슴에 묻고 겉으로는 웃음을 흘리며 즐거운 인생인 양 때로는 춤사위에 젖어 너울너울 춤을 춘다.

강원도 정선은 동강 나루를 품에 안고 외진 골짝을 삶의 터전으로 마련한 민초들의 마을로 앞산 뒷산을 병풍처럼 둘러치고 있는 고을이다. 그러나 노래에 나타난 정선의 품격은 다르게 표현되고 있다.

정선의 구명舊名은 무릉도원이 아니냐.

무릉도원은 어데 가고서 산만 충충하네.

[후렴] 아리랑 아리랑 아라리요.

아리랑 고개 고개로 나를 넘겨 주소.

고려 충렬왕 때에는 이곳을 도원桃源이라 불렀다고 한다. 비록 산으로 둘러싸였지만 무릉도원에 비견할 만큼 아름다운 고장이었던 것으로 여겨진다. 글이나 깨우친 유생들의 멋을 아끼지 않은 표현이겠지만 민초들의 마음은 찌들고 가난한 삶에서 벗어나고픈 한의 정서가 물씬 풍기는 곳이다.

조선의 창업을 반대한 고려 유신 일곱 명이 이곳을 피난처로 여기며 여생을 산나물로 연명했다는 것을 기억에 넣는다면 무릉도원의 이상향이 아니라 민초들의 어쩔 수 없는 삶의 터전일 수밖에 없다.

사람의 왕래가 자유롭지 못한 깊은 산골 마을로 선비들의 은둔지가 아니면 벼슬아치의 유배지로 안성맞춤이라 하겠다. 그만큼 삶의 터전으로 삼기엔 열악하고 오지에 속하는 고장이다.

정선아리랑은 이 지방 사람들은 흔히 '아라리'라고 하든가 '아라리타령'이라고 부른다. 그것은 후렴에 나오는 '아리랑'이라는 말을 "아리아리 아라리요. 아리아리 아리랑 고개고개로 나를 넘겨주소."라고 사설을 고쳐 부르는 데에서 유래되었다고 본다.

정선아리랑이 아리랑의 한 유형을 형성한 것은 사설에 자주 등장하는 지명이 정선에 있거나 이곳을 배경으로 하고 있기 때문이다. 밀양아리랑, 진도아리랑과 함께 3대 아리랑 중의 하나로 지금까지 사랑을 받고 있다.

아라리에는 세 가지 유형이 있다. 가장 늘어지게 부르는 긴아라리, 경쾌하게 부르는 자진아라리, 장단이 느린 긴아라리를 먼저 부른 다음에 경쾌한 가락으로 부르는 엮음아라리가 있다. 정선아라리는 가락이 한에 묻혀 길게 늘어지는 긴아라리에 속한다.

노래의 사설은 창자唱者의 심리 상태에 따라 덧붙이기도 하고 줄이기도 하지만 늘 가락에 맞추어 간다. 정선아라리는 한을 품은 노래이다. 노랫말에 나타나는 내용은 사랑과 그리움, 이별의 애절함과 아쉬움, 신세 한탄, 시대상과 세태 풍자 등 사람이 살아가는 세상살이가 폭넓게 반영된다.

소개되는 노래는 가부장제 밑에서의 여성의 삶이다. 옛날 정선 마을에 스무 살 한창나이의 처녀가 자기보다 나이 어린 신랑에게 시집을 갔다. 색시는 철부지 신랑의 시중만 들다가 세상살이가 싫어 자살이나 하려고 물레방아가 돌아가는 방앗간을 찾았는데 빙글빙글 도는 물레방아를 보고 마음을 고친다.

세월도 물레방아처럼 돌고 돌아가듯이 어리고 철없는 신랑이지만 세월이 지나면 어른이 되리라는 이치를 깨닫고 집으로 돌아가면서 애틋한 마음으로 노래를 부른다.

정선읍네 물레방아는 사시장철 물을 안고 뱅글뱅글 도는데
우리 집에 서방님은 날 안고 돌 줄을 왜 모르나.
[후렴] 아리랑 아리랑 아라리요.
아리랑 고개로 나를 넘겨주소.

봉건주의 가부장제에서의 여자의 삶은 고난과 역경을 업으로 걸머지고 다녔다. 유교적인 삼종지도三從之道가 당연시되던 시절에 여자에게는 철없는 어린 남편이지만 여자로서는 도에 어긋나는 일은 할 수 없으므로 아라리 곡조에 한을 실어 띄운다.

사랑하는 사람과의 이별의 한을 설화 형식으로 간직하는 노래도 있다. 노랫말에는 사랑과 그리움, 그리고 이별을 포용하면서 긴 사설로 엮어 표현하는 것은 민초들의 보편적인 삶이다.

정선군 여량에 있는 아우라지 나루를 사이에 둔 젊은 남녀의 사랑 이야기이다. 강을 건너다니며 사랑을 나누던 남녀는 장마로 강물이 불어 만날 수 없게 된다. 이루지 못하는 사랑을 탄식하며 자신들의 처지를 원망하면서 부른 노래로 사랑과 이별의

한이 묻어난다.

아우라지 뱃사공아 배 좀 건너 주게.
싸리골 올동백이 다 떨어진다.
[후렴] 아리랑 아리랑 아라리요.
아리랑 고개로 나를 넘겨주소.

꽃과 사랑은 동질성을 갖는다. 금년에 피는 동백꽃을 마중하지 못하는 젊은이의 시혼詩魂이 짧은 언어 속에서도 무수한 이야기를 남긴다. 뱃길마저 끊어진 나루에서 외로운 마음을 노래에 실어 보내는 처녀의 애절함이 한으로 변해 나타난다.

아리랑타령은 혼자서 부르는 때가 많다. 또한 농경사회에서 발달한 민요로서 모심기, 김매기, 나무하기 등 일하면서 부르는 때도 많은 것으로 여겨져 노동요의 성격을 지니기도 하나, 사랑방에서 또는 놀이마당에서도 많이 부른 비기능요非機能謠에 해당한다.

정선아라리는 부를 때 늘어지는 긴아라리에 해당되는데 메나토리 가락으로 불린다. 그러나 노랫가락이나 리듬에 관한 이야기보다는 내재된 우리 정서의 이야기이다. 우리의 정서가 가락에 숨겨져 나타나는 곳은 후렴이다. 후렴 구절에는 구슬프면서 애처로움이 아름답게 미화되어 나타난다. 이때의 아름다움은 정화된 아름다움으로 카타르시스에 해당한다.

정선아리랑은 폭포가 쏟아지듯 급한 가락이 아니라 잔잔한 흐름 속에 여인의 한숨 같은 서글픔이 느껴진다. 그러므로 처음부터 여성적이며 한의 정서를 간직한 늘어지는 가락이다.

정선은 앞뒤 산으로 둘러싸인 골짝에 자리 잡은 마을이다. 마음으로 느끼는 정서를 노래로 엮으면 메아리가 되어 노래 부르는 사람의 가슴에 와닿는다. 여기에 답하듯 다시 노랫가락을 메아리 되어 오는 곳으로 보낸다.

메아리로 돌아오는 소리를 닮아 아라리타령에서는 두 사람이 서로 주고받으며 가락을 높이기도 한다. 사설은 상황에 따라 즉

흥적으로 만들어 부르기도 하지만 자신이 늘 간직하고 있던 정서를 나타낸다.

[메김] 눈이 오려나 비가 오려나
억수장마 질러나
만수산 검은 구름이 막 모여든다.
[받음] 아리랑, 아리랑, 아라리요,
아리랑, 고개 고개로 나를 넘겨주게.

대화 형식을 취한 이러한 가락은 소리를 메기는 사람의 정서에 따라 그 내용이 결정되는데 살아가는 사람들의 고달픔, 애절함이 나타나는 때가 있는가 하면 신세 한탄, 세상살이의 괴로움이 한의 정서에 융화되어 가락을 높이기도 한다.

정선아라리는 후렴 구절의 늘어지는 리듬이 애초부터 민초들의 애환을 담고 있다. 문명이 발달하지 않은 봉건시대의 가난하고 허리를 펴고 살지 못하는 보통 사람들은 세상살이 자체가 부귀영화라는 어휘를 가까이 할 수 없었던 삶이다. 내일이 있는 삶, 희망이 보이는 삶이었다면 이들의 노랫가락은 한의 정서를 품지 않고 경쾌하고 넉넉함이 가슴에 와닿는 포근함이 있었을 것이다.

시집살이노래의 애환

시집살이는 긍정적인 의미보다는 부정적인 의미가 강하게 풍긴다. 근래에 와서야 결혼은 달콤하고 행복을 가져올 수 있는 계기를 마련할 수 있다는 긍정적인 효과를 갖게 된다.

결혼하여 오붓하게 둘만의 시간을 가질 수 있는 신혼여행을 밀월蜜月이라 부르는 것은 꿀과 같이 달콤하다는 뜻이다. 흔히들 결혼하여 달콤한 신혼생활을 하는 것을 보면 깨가 쏟아진다고 우스갯소리로 칭찬을 아끼지 않는다. 이때 여성의 시집살이는 긍정적인 어휘로서 행복을 맞이하는 길목이라고 보겠다.

시집살이노래는 여성의 속박된 생활을 토로하는 노래이다. 가부장제도 밑에서의 여자가 받아야 할 설움은 곳곳에 도사리고 있다. 그리고 그것은 으레 받아들여야 할 덕목으로 생각해야 했다. 이를 보더라도 시집살이를 긍정적이라고 받아들이기 힘들다.

출가하여 시집살이하는 여성이 겪는 고난의 길은 현대화된 요즈음에도 가끔 들리고 있으나 짐작을 유보한다. 핵가족시대와 대가족시대의 시집살이는 시집살이노래에 나타난 이미지와는 거리가 있기 때문이다.

시집살이노래는 어느 한 여인의 한을 노래한 단편적인 노래가 아니다. 전국적으로 어디를 가나 그 시대를 살아가는 여인들의 시집살이 애환을 담고 있는 노래 전체를 아우르는 말이다.

채집된 시집살이노래의 하나를 살펴보자. 문답 형식으로 되어 있으나 실제로는 고달픈 시집살이를 자문자답하는 내용이다. 이 노래를 보더라도 시집살이가 행복의 길목이라고 긍정적인 마음을 열어 보일 수 없다.

형님형님 사촌 형님 시집살이 엇덥듸까.
고초당초 맵다더니 시집보다 더 매우랴.

남성 중심의 유교적인 전통사회에서 여성이 자기 정체성을 간직하고 생활하기는 매우 어려운 상황이었으며 남성의 입신출세를 위한 보조적 존재에 불과했다. 삼종지도로써 여자를 남성에 예속시켰는가 하면 칠거지악七去之惡으로 여자를 옥죄는 사슬을 만들었다.

그래도 사람으로서 존재성을 인정받던 반가班家: 양반 집안의 여성들도 문밖출입이 극히 제한되었다. 부모가 정해준 배필과 결혼하여 평생 가사 노동에 시달려야 했다.

남자에게는 축첩이 허용되는 사회에서 여성은 유교적 도덕률에 얽매어 제약했으므로 시집살이 자체가 고난의 길이었다.

따라서 새로 시댁에 들어온 여자는 처음부터 고난과 비애를 예감하고 있어야 했다.

이러한 사회적 제약이 시집살이노래의 성격을 규정짓고 있으므로 시집살이는 긍정적인 이미지보다는 고난의 길로 통하는 어휘와 더 가깝다.

시집살이노래는 민요 중 내용에 의한 분류로, 전문적인 소리꾼이 부르는 것이 아니라, 여성이면 누구나 부를 수 있는 보편적인 부요이다. 출가한 여인들은 자신의 처지를 일할 때나 조용한 시간이 생기면 혼자서 노래로 형상화한다.

때로는 동류의식을 느낄 수 있는 사람들이 함께 모여 일을 할 때 자신의 처지를 노래로 형상화하여 토로하거나 하소연함으로써 자신을 위로받을 수 있었다.

민요의 사설에는 그 시대를 살아가는 서민들의 애환이 담겨 있다. 그중에서도 생활 속의 절절한 감정이 잘 나타나고 있는 노래는 시집살이노래라고 하겠다.

여성이 시집살이라는 고달픔을 개인의 경험에 비추어 개별적으로 부르는 노래로서 시집살이의 고된 일을 형상화한다. 특히 시댁이라는 환경에 새로 편입된 며느리가 길쌈을 하면서 부른 노래가 많다.

일을 하면서 부른 노동요라고 하지만 어느 특별한 일을 하면서 부른 노래가 아니라 봉건주의와 유교적인 생활에서 버거운 시집살이를 하면서 겪는 모든 일이 노래의 대상이 된다.

주제도 여성이 출가하여 시집살이를 하면서 겪는 고난과 갈등이 대부분이다. 시집 식구, 남편, 그리고 첩과의 갈등이 주로 노래의 대상이 되지만, 때로는 친정 식구들도 출가외인出嫁外人이라고 등을 돌리는 일이 많아 갈등의 대상으로 등장한다.

결국 자신을 속박하는 적대자들에게 날카로운 비판을 가함으로써 일종의 카타르시스적인 위로를 맛본다. 해학적인 표현은 비애를 차단하는 욕구 해결의 한 방법이라고 할 수 있다.

소개하는 노래는 시집살이에서 자신을 속박하는 시집 식구들을 희화적이며 풍자적으로 그려냄으로써 자신이 위로받을 수 있는 계기를 마련하고 있다.

시아버지 호랑새요 시어머니 꾸중새요
동생 하나 할림새요 시누 하나 뾰족새요
지아지비 뾰중새요 남편 하나 미련새요
나 하나만 썩는 샐세.

시집살이에서 겪는 상황을 상대 인물과 자신을 빗대어 '새'라는 어휘로 나타내고 있다. 여기에 등장하는 새의 이름도 실제의 이름이 아니라 시집살이를 겪는 여인이 상대 인물에 대한 인식을 형상화한 것이다.

시집살이노래의 해학적 표현은 이 노래가 간직하고 있는 고난을 비애로 치닫게 하지 않고 감정을 정화하는 기능을 가진다.

노래를 가창함으로써 속박되었던 감정을 순화시킨다. 그리고 노래 자체가 가지고 있는 표현 양상으로 비애를 차단하는 기능도 있어 생활의 새로운 패턴을 찾게 한다.

시집살이노래는 현재형으로 표현되거나 아예 시제를 동반하지 않는 무시제의 경우도 볼 수 있다. 노래의 사설은 실제 시집살이에서 겪는 고난이 형상화되지만 과거의 시집살이 내용이 현재형으로 나타나기도 나면서 현실성이 부각된다.

원술래야 원술래야

집으로 들면 세 원수가 원술래야

밭이로 들면 바래기가 원술래야.

앞의 노래에 나타난 '~ㄹ래야'는 내용상으로 과거라고 할 수 있겠지만 시제를 동반하지 않은 무시제無時制라고 볼 수 있다. 말하자면 과거시제가 현재시제 영역에 가깝게 표현되었다고 하겠다.

그리고 '원술래야'에서 보듯이 같은 구절을 반복적으로 표현하여 내용을 강조하고 심화하는 효과를 더하고 있어 단순히 '원수'라고 나타내는 표현보다 의미가 적극적이며 강력하다.

노랫가락은 부르는 사람에 따라 차이가 있으나 대개 읊조리는 식이어서 다채로운 변화가 적다. 마음에 응어리진 이야기를 단순한 가락으로 풀어내며 내용에 걸맞게 나름의 가락을 펼쳐 보이면 된다.

가상의 세계를 현실로 옮겨와서 대화체로 이루어진 노래도 있다. 전반부는 시집살이 주인공의 시점에서 이야기가 전개되다가 가상의 현실인 주인공이 죽고 난 후에는 남편의 시점으로 이동된다.

사령사령 내 사령아 어찌하여 죽었든고
첩의 정이 삼 년이면 본처 정이 백 년인데
어찌하여 죽었난고 어찌하여 죽었난고

비록 남편의 시점으로 이동하여 그의 언어로 노래의 사설이 이어지지만 모두가 가상의 현실이며 주인공의 바람이다. 시집살이에서 받은 고난을 남편의 입을 통하여 사랑의 어휘로 바꾼 것은 주인공 자신을 위한 위무慰撫이다. 이러한 위로도 카타르시스적인 승리감을 맛보는 활동이다.

시집살이노래는 억압된 현실을 사실적으로 보여주면서 그와 같은 현실을 극복하려는 의지를 보여준다. 결국 우위를 차지하고 있는 시집 식구들에게 노래 사설로써 도전하는 한풀이 노래가 된다.

시집살이를 하는 여인에게는 자신의 굴욕적인 상황을 노래가 아닌 무엇으로도 하소연할 수 없는 억압된 규범이 여기저기에 도사리고 있었다. 매일 지루한 시간을 메울 수 있는 장치는 유일하게 읊조리는 시집살이노래 하나뿐이다.

노래 사설은 자신을 속박하는 적대자에 대한 한풀이로 이어진다. 그러나 적대자가 듣고 사회 현실을 직시하고 고쳐 달라는 목적이 있는 것은 아니다. 자신이 노래를 부름으로써 가슴속에 쌓인 스트레스를 풀어버리면서 자신의 마음을 정화하려는 기능이 깊다.

노래는 그 자체만으로 놀이적 성격을 간직하므로 즐거움을 간직한다. 시집살이노래도 처음은 놀이적 성격으로 가창하다가 고달픈 시집살이에서 조금이라도 위안을 얻고 비슷한 처지에 놓인 사람들로부터 동정심과 위무의 효과를 얻고자 한다.

노래 채집 과정에서 얻은 이야기이지만 시집살이노래를 부르는 사람이나 듣는 사람 모두가 고난과 비애를 공감하면서 눈물을 글썽거리기도 한다고 한다.

시집살이노래는 노래를 부름으로써 자신을 위무할 수 있고 나아가서는 동류의식을 느끼는 사람에게도 위안을 준다. 따라서 슬프고 애절한 마음을 승화시키는 정화적 기능을 간직하며 자신이 품고 있는 한을 풀어내는 한풀이로 승화된다.

결국 시집살이노래는 우리 민족이 오랜 시간 간직하여 온 한의 문학이면서 유교적 굴레 속에 갇혀 자신의 정체성을 잃어버린 여인들의 하소연이 깃든 문학이다.

사랑이 빚어내는 삶의 서정

제2부 삶과 풍광風光이 있는 현장

사람은 자연과 함께 삶을 이어 온다. 인간의 삶은 자연을 떠나서는 의미를 찾을 수 없으며 언제나 자연과 동행하면서 삶의 지혜를 터득한다. 절기에 따라 자연의 모습은 갖가지 형태로 변화를 보이지만 인간의 삶은 오늘보다 내일을 위한 노력과 버거움을 앞세우며 묵묵히 걸어간다.

계절은 그들만의 모습을 간직하며 세상을 향하여 손짓한다. 계절의 변화가 뚜렷한 우리나라의 자연은 계절마다 자신들의 모양새를 신선하고 아름답게 치장하여 인간들의 삶의 터전이 살아갈 만한 세상이라는 것을 보여준다. 사람들은 그러한 자연에 대하여 늘 고마운 마음을 보낸다.

삶이 버겁고 무겁고 고달팠던 시절이 있었다고 하지만 사람과 사람들의 관계에서 비롯된 것이 아니라 언제나 자연에서 고립되지 않으려 사람들이 벌이는 투쟁의 역사였다.

화전민들의 삶은 자연과의 씨름이었고 삶의 터전 역시 자연이며 민초들의 삶도 화전민의 삶과 다를 바가 없었다고 본다. 민초들의 삶은 늘 가난을 등에 업고 사는 고달픔이었지만 수려한 자연경관을 바라보며 인생살이의 꼬임새를 하나하나 풀어가며 은연중 자연에 동화되어 간다.

인간은 자연에서 살아가는 지혜를 체험으로 얻지만 그 지혜를 슬기롭게 활용하여 삶의 질을 높이고 발전해 가는 기상이 있다. 인간의 삶은 제자리에 정체하여 오늘이 어제와 다름없는 생활이 아니라 항상 앞으로 더 좋은 내일이 되기 위하여 자신을 채찍질한다.

인간이 발전하여 문명한 사회를 이루고 문화를 창조해 온 모든 과정이 사람이 자연과 더불어 삶의 터전을 마련하고 그 속에서 인류의 역사를 차근차근 쌓아 오늘을 마련한 결과라고 본다.

오늘과 같은 문명사회에서는 자연이 인류의 역사에 공헌한 크나큰 업적을 그대로 지나치는 수가 많다. 인간의 문명 발전에 이바지해 온 자연의 고마움을 깨닫고 자연을 사랑하는 마음을 일깨운 선인들이 있다.

공자는 마음이 어진 사람은 모든 일을 도의에 따라 행동하기 때문에 행동이 가볍지 않고 신중하고 덕이 두터우므로 그 마음이 움직임이 없는 듬직한 산과 비슷하므로 산을 좋아하며, 지혜로운 사람은 사리에 통달하여 막힘이 없으므로 한곳에 머물지 않고 흘러가는 물을 닮아 움직임이 있는 물을 즐긴다고 하여 요산요수樂山樂水라고 했다.

우리나라 자연을 금수강산이라고 칭찬을 아끼지 않는 여유로운 이도 있다. 삼천리 방방곡곡 어느 한 곳도 버릴 것 없는 아름다운 강산으로 비단에 수를 놓은 듯이 아름답다는 것이다.

우리는 수려하고 청정한 자연을 곁에 두고 있지만 미국의 그랜드 캐니언Grand Canyon 협곡이라든가 이웃 나라 중국의 황산黃山과 같은 장엄하고 거대한 자연경관은 찾아볼 수 없다.

우리나라 자연은 부드러움이 조화를 이루면서 경이로움을 외면한 채 아름다움을 앞에 내세운다. 비록 나이아가라Niagara나 빅토리아Victoria와 이구아수Igua'su 폭포와 같은 웅장한 멋은 없다고 하지만 우리나라 자연은, 깊은 산속이면 계곡을 타고 내리는 맑고 청정한 물길을 만날 수 있다.

웅장하고 장엄하게 쏟아지는 물줄기는 볼 수 없지만 샘이 솟아오르는 원천수를 만날 수 있는 신선함이 있어 고결한 품성을 느끼게 한다.

지구의 생성 과정에서 비롯된 자연은 태어날 때부터 자신만의 모양새를 간직하고 있었던 것은 아니다. 여러 가지 작용을 수용하는 능력을 지니고 있어 생태계의 변화도 묵묵히 받아주는 아량이 있었다.

자연은 절기에 따라 때를 맞추는데 점차 절기도 계절의 속성을 잊어 가는지 올해는 봄이 지나기도 전에 더위가 기승을 부리기 시작하더니 가뭄까지 겹치는 이중 고통을 안겨 주고 있다.

모두가 인간이 자연에게 안겨 준 고통을 되돌림 받고 있음을 깨달아야 한다. 지구가 온난화된다고, 북극의 빙하가 녹아 바다로 흘러든다고 매스컴에서 경각심을 일깨운 것도 한두 번이 아니다.

그때마다 환경을 정화하자고 갖가지 대안을 내놓지만 매번 구두선口頭禪에 그치는 일만 되새김질하겠는가. 환경의 정화는 결국 인간의 문명을 발전시켜 행복한 삶을 이루자는 것이 아닌가.

우리나라는 절기에 따라 그에 맞는 계절의 풍모를 보인다. 자연이 우리에게 베푸는 선물은 청정함이며 보는 이로 하여금 경

탄을 보내는 풍광이다. 수려한 자연 풍광은 막혔던 가슴이 확 뚫리는 상쾌함을 주어 삶의 활력을 찾게 해 준다.

현대인은 스트레스에 시달리고 있다고 한다. 스트레스를 해소하는 방법은 자연을 바라보며 심호흡으로 신선한 공기와 함께하는 생활이다. 청정하고 수려한 자연은 우리의 삶을 깨끗이 정화시킨다.

안반데기의 삶

안반데기로 오르는 길은 '험난하다'라는 말로 대변된다. 구불구불한 임도林道를 용케도 포장하였으나 승용차도 굽이마다 숨찬 소리를 내게 한다.

전국 최대 규모의 고랭지 채소 단지인 안반데기에 오르는 길을 정비하여 주었으면 하는 생각이 든다. 생산된 채소를 반출하는 데 어려움이 없어야 생산자와 소비자 모두에게 이로울 것이다. 이곳에서 생산된 배추의 소비처는 서울을 비롯한 대도시이다.

어쩌다 장마가 진다거나 태풍이 몰아치면 이곳 사람들만의 피해가 아니라 소비처인 대도시에서 도미노로 아우성이 울리게 된다. 반출하는 길이 막히면 생산자의 낙담보다 소비자의 아우성이 더 크게 울린다.

안반데기는 해발 1,100m의 하늘 밑 첫 동네인 고원지대이다. 구름이 내려앉으면 구름 위로 마을이 뜬다고 해서 구름 위의 마을이라고도 한다. 왕산면 대기리의 고랭지 채소 단지인 안반덕을 이르는 말이다.

백두대간을 잇는 고원지대이므로 봄은 아랫마을 평지보다 한 달가량 늦게 찾아오고 대신 겨울은 일찍 찾아와 농사일로 바쁜 일손을 놓을 수 없는 농번기라고 해도 6개월 정도이다.

떡메로 떡쌀을 칠 때 밑에 받치는 안반처럼 생겼다고 해서 붙인 이름으로 안반 둔덕, 즉 '암반덕이'를 강릉지방 방언으로 '안반데기'라 부른다. 안반데기는 안반처럼 우묵하면서 널찍한 모양새를 보이지만 산세가 험해 평지에 비해 한쪽으로 심하게 기울어진 비탈진 밭이다. 바람이 심하게 불면 바로 서 있기도 힘들다.

구름 위의 땅이라는 이름값을 하려는지 짙은 운무가 지나는가 싶더니 검은 구름이 내려앉으며 몇 미터 앞도 분간할 수 없다. 구름 속에 마을 전체가 가라앉는다. 이때에는 자연의 흐름에 몸을 맡겨야 한다. 그대로 자리에서 움직이지 말고 구름이 걷힐 때까지 기다려야 한다.

언제인가 구름이 내려앉은 황병산에서 동료를 찾기 위해 마음 내키는 대로 행동하다가 길을 잃고 구조될 때까지 헤맨 적이 있었다. 때로는 자연의 순리에 몸을 맡기고 인간의 아집에서 벗어나야 한다.

안반데기는 강릉시 왕산면 대기리에서 오르는 길과 평창군 대관령면에서 생산된 배추를 신속하게 반출하기 위하여 만든 가파르게 굽이진 길로 오르면 된다. 옛적에는 대기大基를 '큰터'라고 불렀다고 한다. '크다'의 한자를 '대大'로 썼다는 것은 대전

大田을 한밭으로 부르는 데에서도 알 수 있다.

안반데기에 오르자 세찬 바람이 불어닥쳤다. 바람의 마을이라고 이름 붙여도 될 만한 황량한 곳으로 세찬 바람이 탐방객을 반긴다.

마을회관과 화전민 사료전시관으로 사용하던 곳을 리모델링하면서 카페가 있던 건물도 잠시 휴식을 취하고 있어 이곳이 마을이 있던 곳이었을까 하는 의심스러운 생각이 든다.

가난하던 시절 농토를 마련하지 못한 사람들이 고산지대이면서 오지奧地인 이곳에 불을 놓아 마련한 화전火田을 일구며 살던 화전민의 삶터로 그들은 감자, 조, 밀, 옥수수 등의 잡곡이나 약초를 캐면서 생계를 이어갔다. 그 후 고루포기산 국유지를 개간하여 화전민에게 임대 경작하게 하던 것을 1995년에 20여 가구의 경작자에게 불하하여 오늘에 이르렀다고 한다.

전국 최대 규모의 고랭지 채소단지이지만 개간 당시에는 농기계가 보급되지 않아 황소로 개간하였다고 한다. 돌투성이 비탈진 밭을 맨손으로 일구어서 그래도 제대로 된 농토를 마련한 흔적을 아직도 밭에 깔린 돌무더기로 알 수 있다. 평평하고 널찍한 평지가 없어 굽어진 등성이에 밭을 일군 탓으로 전체가 가파른 경사를 이루고 있다.

요즈음에는 트랙터와 같은 농기계가 이곳에도 보급되어 안쪽에서 황소로 밭을 손질하는 광경을 볼 수 있는가 하면 다른 쪽에서는 농기계로 작업하는 광경을 엿볼 수도 있다.

산 능선에서 보면 멀리 펼쳐지는 동해를 훤히 바라볼 수 있는 전망대가 있었다. 구름 위의 땅이라 부르는 이곳에서 동해를 한눈에 조망할 수 있는 멍에전망대이다.

멍에는 황소로 밭을 갈 때 농기구인 쟁기를 끌기 위하여 소의 목에 걸치는 나무로 만든 쟁기의 일종이다. 화전민들이 생활했던 곳이어서 전망대 이름도 농기구를 빗대어 이름 붙인 것으로 보인다.

멍에전망대에 오르기에 앞서 개간 당시 발굴된 돌로 성곽처럼 쌓은 돌담 같은 성벽을 맞이한다. 바람에 흔들리는 전망대가 탐방객을 기다리는 모습이 외롭다.

높은 곳의 전망대이기에 아침이면 동해 바다 수평선에서 솟아오르는 해를, 해가 질 무렵에 저녁노을이 길게 필 때면 서쪽 산등성이로 넘어가는 해를 볼 수 있다. 해돋이와 해넘이를 아울러 즐길 수 있는 곳이기도 하다.

돌담 위의 멍에전망대는 개간 당시 화전민들의 애환을 간직하며 덩그렇게 자리 잡고 있다. 처음 이곳을 개척한 사람들의 개척정신이 한곳에 응어리진 모습이다.

가까운 곳에 여남은 대의 풍력발전기의 바람개비가 돌고 있는 모습이 구름 속을 거니는 탐방객의 적막한 느낌을 대신해 준다.

고산지대이므로 농업용수가 늘 걱정거리였는데 60여만 평에 달하는 넓은 밭에 물 걱정이 없도록 농업용수를 개발하여 때를 가리지 않고 싱싱한 배추를 공급하게 되었다.

멍에전망대에서 바라보는 60여만 평의 초록의 푸른 들은 배추밭의 풍경이다. 독수리가 날개를 활짝 펴고 있는 모양새이다. 구역마다 가로지른 밭의 둔덕은 안반이라고 이름 붙일 만하다.

이곳은 빛깔의 배합이 필요하지 않다. 오직 광활한 안반덕에는 초록빛 하나면 풍요로운 세상을 꾸밀 수 있다. 비탈진 넓은 들은 나무 하나 볼 수 없는 온통 초록의 그림이다. 낭만적이라 감탄을 흘릴 만하다. 그러나 저 푸른 배추밭을 일군 사람들에게는 낭만보다 끈질긴 노력과 삶이 녹아 있는 초원이다.

삶과 생활이 하나가 된다는 것은 넉넉한 마음을 가지고 있으면서도 모자람에 불평을 늘어놓는 보편적인 사람들은 느낄 수 없다. 화전을 일구어 생활해 온 사람들은 계절이 시간을 따르지 않는 고산지대였지만 삶의 터전인 이곳을 버릴 수 없었다.

내일이라는 희망적인 삶이 찾아오지 않았지만 화전민들은 그래도 내일이라는 희망을 가슴에 간직하며 살아오고 있다. 어쩌다가 생활의 리듬을 바꾸어 보려고 이곳을 탐방하는 사람들에게는 초록의 배추밭이 한 폭의 그림으로 보일 것이다. 그러나 이곳 사람들에게는 피나는 삶의 터전임을 깨달았으면 한다.

서정적이며 낭만적인 풍경이겠지만 여기서 삶을 이어오는 사람들에게는 피와 땀과 눈물로 얼룩진 땅이다. 오직 내일이라는 희망을 위하여 고난을 늘 뒤로 미루고 오늘을 참고 견디고 기다리면서 삶의 터전을 닦아 온 곳이다.

탐방객들에게는 고산지대이면서 오지로 아무 쓸모없는 메마른 곳이라 생각할지 모르나 이곳에서 삶을 이어가는 사람들에게는 고난의 땅이라 하더라도 생명수가 있는 고마운 곳이다.

인간의 삶은 어디에서나 이루어진다. 비록 사람들이 근접하기 힘든 오지에서도 내일을 위한 삶은 시간을 가리지 않고 이루어진다.

풍족한 생활이 곧 풍요로운 삶이 아니다. 풍요로움은 물질적인 부자가 아니라 부족함을 긍정적으로 생각하고 초록빛 하나지만 마음속에서는 모든 것을 가진 넉넉함이 있는 삶이다. 안반데기에서 삶을 이어 오는 사람들은 늘 마음으로 풍요로움을 간직하고 있다.

설레는 청춘

요즈음은 각 학교의 졸업 시즌이다. 환한 웃음에 즐거운 모습들이 매스컴을 탄다. 모 신문사의 기사에서는 사진에 곁들인 설명에서 '설레는 청춘'이라는 표제어 비슷한 말을 썼다.

그러나 사진 속의 주인공들은 밝고 희망에 찬 모습으로 불안감이나 초조한 모습은 찾아보기 어려워 '설레다'라는 어휘를 대변할 수 있는 이미지와는 거리가 있어 보인다.

그런데도 어쩐지 '설레다'라는 어휘가 마음을 사로잡는다. 이제 막 사회라는 넓은 세상으로 보폭을 넓히는 젊은이들의 출발을 의미하는 이미지로 청춘이라는 어휘를 감싸고 있어 보인다.

약간은 안정을 찾지 못하고 흥분된 얼굴들이지만 새로운 세계로 들어선다는 기대가 역력하다. 이들은 소년기를 갓 벗어나는 젊은이들이다. 청소년기에서 소년의 티를 벗고 청춘의 물결에 어울리려는 세대들이다.

출발은 언제나 마음을 들뜨게 한다. 미지의 세계는 흥미로울 수도 있지만 어쩌면 고난의 길이 기다리고 있는지도 모른다. 그러나 밝은 웃음 속에는 젊은이들만이 간직할 수 있는 패기가 있다. 내일은 오늘 이루지 못한 꿈이 마중할 것이라는 기대가 있다.

젊은이는 나라의 등불이라고 한다. 어느 시인은 그 나라의 젊은이를 나에게 보여 다오. 나는 그 나라의 앞날을 점치겠다고 노래했다. 젊음이 간직하고 있는 원대한 꿈의 위대함을 말한 것이라 하겠다.

사람들은 하나같이 멋진 삶을 살려는 욕망을 가지고 있다. 더욱이 청소년기의 젊은이들은 자신의 장래에 대하여 푸른 꿈을 간직하고 있다. 푸른 꿈이란 흔히들 말하는 청운의 꿈을 일러 쓰는 말이다. 젊은이들은 이러한 꿈이 있기에 그들의 정열은 세상을 불태울 수 있는 기개가 넘쳐나며 패기는 지구를 삼키고도 남음이 있다.

꿈은 오늘의 것이 아니다. 언제인지 모르나 다가오는 내일의 것이다. 사람들은 오늘이 있기에 내일이 태어남에도 불구하고 풋풋하고 생동감 있는 오늘을 아무렇게나 지나치면서 내일이라는 단어에는 희망을 보인다.

꿈은 비록 내일의 것이지만 젊은이는 자신의 꿈을 소중하게 가꿀 줄 아는 지혜가 있어야 한다. 그리고 자신의 미래를 설계할 줄 알고 아름다운 인생을 담아낼 수 있는 슬기가 있어야 한다.

꿈이라고 해서 모두가 희망적이고 긍정적으로 받아들이는 것만 있는 것은 아니다. 젊은이들은 다가오는 내일을 위하여 꿈을 간직한다. 그 속에는 희망적이고 긍정적인 것이 있는가 하면 허망한 것도 섞여 있어 자기가 간직한 꿈이 참되고 진실한 것으로 나타나기를 간절하게 소망해야 한다.

꿈을 위한 소망은 노력이다. 전해오는 말에 노력을 이기는 장사는 없다고 했다. 그만큼 우리의 삶에는 노력이 같이해야 한다. 다른 사람을 따라 소일하는 것에 정신이 끌려 오늘을 헛되게 날려 보내서는 그가 꿈꾸는 세계는 남가일몽南柯一夢에 불과할 것이다.

젊음은 청춘의 길목을 의미한다. 젊다는 것 하나로 청춘의 품성을 모두 얻을 수 없다고 하더라도 삶의 모습을 영감에서 얻는 살아있는 젊은이가 바로 청춘을 이르는 지름길이다.

살아있는 젊은이란 생명력이 있는 젊은이가 아니라 자신의 꿈을 소중하게 가꿀 줄 아는 젊은이를 말한다. 건강한 젊음만이 생명력이 있는 것이 아니라 청춘의 피가 흐르고 진취적인 기상으로 내일을 창조할 수 있는 젊은이를 말한다.

청춘은 시대의 주도자이자 선도자라고 한다. 그 시대를 이끌어가는 주인공이라는 뜻이다. 자라는 어린이들을 내일의 주인공이라 부르기를 주저하지 않는 것과 같은 맥락의 어휘이다.

청춘은 활기가 넘치는 세대로 바로 오늘의 세대이다. 앞으로의 시대가 어떤 모습으로 태어나든 그것은 현재를 주도하고 있는 청춘이다. 그러므로 청춘은 창의적이고 진취적 기상으로 새로운 역사를 창출하는 능력을 갖추고 일취월장하는 모습을 보여야 한다.

오늘의 모습이 내일이면 역사로 탄생한다. 그러므로 오늘의 현실에 동참하는 세대는 역사의 창출자로서의 사명을 다하여야 할 의무가 있다. 따라서 청춘은 시대의 주도자이며 역사의 창출자로서의 사명감을 간직한 젊은 세대로서 보람 있는 오늘을 개척해 나가야 한다.

'설레는 청춘'은 심적으로 들뜬 젊은이가 아니라 내일이란 세계로 내닫는 젊은이로서의 기대감에 충만한 젊은이라고 찬사를 보내고 싶다. 한편 내일이라는 세계는 꿈속에서나 느끼는 낭만적이고 기쁨과 즐거움만 충만한 세계가 아니라 현실적이고 참고 견디는 인내가 필요한 세계이기도 하다.

현실을 극복할 수 있는 패기와 진취적 기상이 젊음의 원천이므로 새로운 역사 창출은 젊음, 곧 청춘의 몫으로, 내일이 기대된다.

—

내일의 삶을 갈망하라

세상은 그 자리에 그대로 있는 것이 아니라 항상 발전하려는 기대감에 젖어 오늘을 보내고 내일을 갈망한다. 어제는 지나간 역사로, 집착하면 희망이라는 말을 얻을 수 없다.

사람들은 발전 있는 삶을 기대하며 늘 새로움을 맛보기 위해 잠시도 그 자리에 안주하려 하지 않는다. 오늘 내가 하고 있는 일이 어제와 다름이 없다고 하더라도 그 속에서 새로운 시도를 위한 준비는 그치지 않는다.

인류가 발전해 온 세계사의 곳곳에는 항상 미래를 향한 도전의 역사가 있다. 시행착오가 있더라도 용감하게 도전하는 지혜가 있었다. 도전은 현실의 불만족을 극복하려는 지혜와 미래를 향해 전진하는 힘이다.

사람의 영혼은 도전 정신이 없을 때는 잠자듯이 조용하다. 잠자는 영혼을 깨우는 일은 우리의 몫이다. 인간의 영혼은 도전하는 정신과 역경을 통해서 성장한다.

새로운 시도로 인류의 삶을 한 단계 발전시킨 IT산업의 천재 스티브 잡스는 항상 갈망하고 항상 우직하게 나아가라Stay hungry, Stay foolish고 했다. 갈망하고 미련스럽게 밀고 나가는 도전 정신을 강조한 말로 잠자고 있는 우리 영혼에 대한 메시지이다.

우리에게도 배고픔의 시절이 있었다. 헝그리hungry 정신은 가난에서 벗어나고픈 열망이었다. 이러한 열망은 먼저 스포츠에서 두드러지게 나타나 세계 정상에 이르는 일이 많았다. 이들은 꿈을 이루기 위해 피나는 노력과 도전으로 스포츠맨으로서의 영광을 차지했다.

이들의 배고픔은 진정한 스포츠맨이 되고픈 기대감이며 오늘보다 뛰어난 최고가 되고픈 열망이며 내일을 위한 도전 정신의 갈망이다. 인간의 삶은 내일 그리고 미래를 위한 진취적인 도전의 역사이다.

오늘 우리가 누리고 있는 모든 산업이 헝그리 정신에서 보다 나은 미래를 창조하고자 도전해 온 결과이다. 우리는 IT산업과 자동차, 조선 산업을 무無에서 유有로 창조해 왔다. 모두가 미래를 위한 도전 정신과 보다 좋은 세계로 발전시키려는 갈망에서 이루어졌다.

스티브 잡스의 헝그리hungry는 창의력의 배고픔이며 우리 영혼의 배고픔이다. 그 배고픔에서 벗어나는 길은 내일을 위한 갈망이다. 내일을 위한 갈망이 없으면 인류는 발전이라는 비전을 맛볼 수 없다.

스티브 잡스의 미련하게 밀고 나가는 정신은 우직하다고 여길지 모르나, 우직함은 바보스러움foolish이 아니다. 기다리는 정신을 대변한 말이다. 다른 사람이 보기에는 바보스럽다고 탓할 수 있으나 머뭇거림 없이 밀고 나가라는 행동 철학이다.

우리 민족은 우수한 두뇌를 가진 사람들이 많다. 과거의 역사를 되새김해 보더라도 창의력이 돋보이는 문화유산과 기술력이 다른 민족에 비할 바가 아니다. 그러나 지나간 역사를 되돌아볼 필요가 없다. 다가올 내일이 중요한 이슈로 우리 앞에 놓인다는 것을 명심해야 한다.

다가오는 세계는 단순하지 않다. 인공지능 세대가 인간의 지능과 공존하는 세계가 멀지 않다고 한다. 사람과 인공지능의 바둑 대결에서 나타난 인공지능의 우수성을 매스컴에서 얻은 바가 있다.

전자산업에서는 사람의 말을 알아듣고 사진을 검색하거나 전화, 문자 등을 인식하고 업무를 처리하는 스마트폰이 나왔다고 한다. 사람의 지능으로 이루어진 기계가 비서 역할을 담당하고 있는 인공지능의 현실이다.

사람이 살아가는 길목에는 언제나 문화가 동행하며 인간의 정서를 살려내고 있다. 문화가 없는 사회는 화석화된 메마른 곳이다. 어느 민족이든 그 나름의 문화를 형성하고 오래도록 간직하려고 한다.

전통문화란 바로 그 민족 나름으로 창안하고 지켜오는 문화를 말한다. 문화 속에는 사상이나 철학만이 아니라 과학도 있고 기술과 기능도 함께한다.

전통문화의 계승은 어제의 문화를 이어받아 발전시킨다는 의미가 아니다. 창의력과 창조적인 정신으로 미래의 문화를 획기적으로 혁신하여 새로운 문화를 창조한다는 이야기이다.

우리 민족은 성리학의 바탕 위에서 민족 문화를 형성하여 왔으므로 탐구하는 과제도 성리학의 테두리 안에서 이루어졌다. 따라서 서구 외국 문물이 들어오는 것도 꺼려 쇄국정책을 펼쳤다.

성리학에 근거하여 탐구정신을 길렀지만 개척정신이 없었고 진취력이 부족한 민족정신을 보였다. 현재의 부족함을 딛고 일어서야 하는 도전이 절실히 필요하며 스티브 잡스의 항상 갈망하라는 말이 더욱 빛나 보인다.

서구 여러 나라들은 개척정신이 강했다. 신대륙을 발견한 콜럼버스의 도전과 개척정신이 없었다면 오늘의 강대국으로 부상한 미국은 이 지구상에 등장할 수 없었을 것이다.

스티브 잡스의 늘 갈망하고 우직하게 나아가라Stay hungry, Stay foolish는 말을 되새기면서 모두가 내일의 삶을 갈망하자는 뜻을 전한다.

푸른 하늘을 마음에 심자

이른 아침 잘 다듬어진 마을 뒷산 산책로를 오르다 보면 스트레칭으로 몸을 풀고 푸른 하늘을 바라보며 심호흡으로 새로운 하루를 맞이하는 정경을 흔히 본다. 한참이나 세월의 나이를 헤아린 세대들이다.

아침 심호흡은 활력이 넘치는 하루를 맞이하는 지름길이다. 개운하지 못한 잠자리였다고 하더라도 싱싱한 아침을 여는 가슴이 확 열리는 기운을 느끼게 한다. 신선하고 참신한 아침 공기가 삶의 의욕을 드높이며 희망을 가슴에 듬뿍 안기는 하루가 시작된다.

우리는 아침마다 하늘과 마주한다. 때로는 하늘을 쳐다보며 독백처럼 이야기를 나눈다. 지나간 일을 털어놓기도 하고 맞이할 오늘을 머릿속으로 헤아리면서 한 폭의 그림을 그리며 이야기를 만든다.

그런데 하늘이 푸르다는 것을 무심히 지나친다. 하늘은 으레 푸르다고 느끼고 있기 때문이다. 깨끗하고 티 하나 없이 청명한 하늘이라는 말도 그래서 생긴 것이 아닌가 한다.

하늘도 계절을 닮아간다. 봄이면 화사한 봄날을 닮아 아름다움으로 피어난다. 그러면서 하늘은 꽃을 닮아 찬란한 아침을 사람의 가슴에 심고 신명 나는 아침을 다짐하는 사람들도 덩달아 웃음꽃을 입가에 번지게 하면서 새날을 맞이한다.

사람들은 하늘을 쳐다보며 희망을 가슴에 심는다. 예로부터 우리네 어머니들은 가족의 안녕과 자식의 건강을 푸른 하늘을 보며 기원했다. 하늘은 우리네 민초들의 가슴에 절대자의 위치를 차지하고 있었다.

우리는 예로부터 맑고 깨끗한 하늘을 자랑한다. 외국인들이 우리네 하늘이 맑고 푸르다고 칭찬하며 찬사를 보내는 이유를 알 것 같다. 푸른 하늘은 우리의 하늘로서 어렸을 때 부른 동요의 첫머리에 푸른 하늘 은하수라는 구절만 보아도 우리 하늘은 푸른 하늘이었다.

공원을 산책하다 보면 앳된 외국인으로 보이는 남녀들이 비키니 차림으로 일광욕을 즐기는 광경을 심심찮게 볼 수 있다. 맑고 푸른 하늘이 너무나 싱싱하게 가슴에 와 닿기 때문이라고 한다.

청정지역이라는 뉴질랜드의 크라이스트처치Christchurch를 다녀온 적이 있다. 정원도시라는 별칭이 붙을 만큼 넓고 아름다운 공원이 폭넓게 펼쳐져 있는 곳이다.

젊은 남녀들이 자리를 깔고 나무가 우거진 숲 속 공원에 누워 일광욕을 즐기고 있었다. 에이번강을 곁에 두고 넓게 조성된 헤글리 공원은 청정 지역 그 자체였다. 우리는 금수강산이라고 하지만 생활에 지친 몸을 녹여줄 수 있는 아름다운 공원이 없다.

우리도 숲으로 둘러싸인 공원에서 푸른 하늘의 밝은 태양을 쐬며 시원한 공기로 가슴을 씻어내는 모습이 그리웠다. 때로는 외국인 젊은이들처럼 비키니 차림이 아니더라도 일광욕을 즐기며 유유자적하는 여유를 가졌으면 하는 바람이 가슴속에서 샘솟고 있었다.

서구 사람들은 우리나라의 청정한 아침 하늘을 보면서 칭찬을 아끼지 않는다. 자기네 나라에서는 스모그로 파란 하늘을 볼 수 없다는 것이다. 우리는 사시사철 맑고 푸른 하늘을 어디서나 바라볼 수 있다.

그러나 우리도 푸른 하늘을 자랑만 하는 때는 지난 것 같다. 다른 나라 일로만 여겼던 공기 오염도가 우리의 일상으로 다가

서고 있다. 스모그와 황사, 미세먼지가 하늘을 가리고 있다. 남의 일이 아니라 우리의 현실이다. 아침 하늘이 흐린 날씨처럼 뿌옇게 물들어 하루 종일 우울한 날씨가 된다.

대도시에서는 아침이면 스모그 현상으로 희뿌연 안개 현상이 나타나 기온이 올라가도 좀처럼 사라지지 않을 때가 많다. 우리는 봄철이면 스모그 현상뿐만 아니라 중국과 몽골에서 유입되는 황사黃砂로 하늘이 온통 흙먼지로 덮이고 있다.

바람에 의해 하늘 높이 올라간 미세한 모래 먼지가 대기 순환에 따라 이동하다가 우리나라에 서서히 떨어진다. 심하면 떨어지는 흙모래가 주위 환경을 어지럽힌다. 떨어지는 먼지는 주로 토양 성분으로 칼슘, 철분, 알루미늄 등을 함께 실어 나른다.

요즈음에 와서는 미세먼지에 대한 이야기가 일기예보 때마다 이슈issue로 등상한다. 사람의 눈에 잘 보이지 않을 정도로 작은 먼지 입자를 말한다. 사람이 호흡하면서 폐 속에 들어가 폐의 기능과 면역 기능을 떨어뜨리기도 한다.

스모그와 황사 그리고 미세먼지가 나타나면서 시원하고 싱싱한 공기를 저해할 때면 외출을 삼가고 맑고 푸른 하늘이 얼굴을 내밀 때까지 기다리는 지혜가 필요하다.

이들 공기 오염 물질들은 모두 인간이 내일을 생각하지 않고 오늘의 자신들만을 내세운 발상에 자연이 인간에게 돌려주는 보답이자 인간의 삶에 대한 경고이다.

지금부터라도 공장 가동에서 나오는 배출 물질, 자동차 배기가스, 발전소 보일러 가동으로 배출되는 유해 가스 등을 줄여가면서 깨끗하고 산뜻한 공기를 마실 수 있는 자연으로 되돌리는 인간의 철학이 필요하다.

자연은 자신의 모습을 찾고 나면 인간에게 고마운 마음을 보낸다. 평화스러운 모습으로 자연과 사람이 공존하는 우주의 철학을 깨우쳐 주며 우리의 삶을 더욱 풍요롭게 마련해 준다.

우리는 매일 하늘을 쳐다보며 살아간다. 그러나 하늘을 쳐다

보지 않는 사람도 있다. 고층 빌딩의 숲에 묻혀 사는 사람들은 푸른 하늘을 의식하지 못하며 살아간다.

도시에서 생활하다 보면 몇 날 며칠이 지나도 하늘에 뜬 달을 보지 못하는 사람들이 많다. 가로등이나 건물에서 비치는 대낮처럼 환한 불빛에 익숙한 사람들에게 하늘의 달은 밤길을 밝혀주는 길잡이가 아니며 낭만적인 서정의 대상도 아니다.

도시를 떠나 시골길을 걸을 때의 밤길은 밝은 달이 길벗이 되어 다정하게 내 그림자를 쫓아온다. 하늘에는 은하수가 요란하게 꽃무늬를 수놓는다. 언제부터인가 하늘은 내 가슴에서 친구가 된다.

하늘은 절대자로서 신령스러움을 간직하고 우주를 관장하고 자연의 변화가 온전하게 운행되도록 한다. 우리의 하늘은 푸른 빛깔과 짝을 이루며 고귀함을 나타낸다.

청운지사靑雲之士는 고결하여 속세를 벗어나고 싶은 마음을 이르는 말이다. 청운은 푸른 구름으로 사람들이 잘 볼 수 없는 귀한 구름이다. 나이 지긋이 든 세대들은 젊은이들에게 이르는 말이 있다. '청운의 꿈'을 품고 그 꿈을 실현하는 높은 기상을 펼치라고 한다.

청운의 꿈을 품으라는 것은 높은 이상을 간직하고 푸른 하늘을 가슴에 심으라는 말이다. 푸른 하늘은 고결함의 상징이며 때묻지 않은 순수함이 엿보인다.

우리는 청정한 가을 하늘을 자랑한다. 천고마비라고 한다. 하늘은 높고 초목은 왕성하게 자라면서 말이 배고픔을 모르는 때가 되었다는 것이다. 사람이 자연을 밀쳐내지 않으면 자연도 우리의 삶을 밀쳐내지 않는다.

사랑하는 마음으로 푸른 하늘을 가슴에 심으면 우리의 심성도 곧고 깨끗하게 다림질되어 올바른 자연의 마음으로 돌아간다. 푸른 하늘은 우리의 하늘이다. 사랑으로 가슴에 품으면 자연도 사랑으로 보답한다. 우리는 맑고 푸른 하늘을 가슴에 품고 살면 된다.

열정으로 맞이하는 산업혁명

인간의 삶은 끊임없이 발전하여 시대마다 알맞은 산업을 혁신해 왔다. 기술 혁신은 인간의 삶을 풍요롭고 새로운 생활 패턴으로 연결해 주는 역할을 수행해 주었다. 기술의 일대 변혁기를 맞이하면서 산업은 혁명적으로 발전해 왔는데 학자들은 이를 산업혁명이라고 명명命名하면서 앞서 살았던 시대보다 혁명적인 발전을 가져왔다고 높은 평점을 준다.

첫 산업혁명은 철도, 증기기관의 발명으로 기계에 의한 생산으로 수공업 시대에서 기계공업 시대로의 변혁을 말한다. 제2

차 산업혁명은 전기의 발견과 생산 과정에서 대량생산 체제로의 구축으로 일대 변혁을 가져왔으며, 제3차 산업혁명은 반도체와 메인프레임 컴퓨팅Mainframe Computing 및 인터넷의 발달을 통한 정보기술 시대로 정리된다.

이 모두가 인간의 삶을 열정적으로 살아가려는 노력과 새로운 아이디어를 창조적 이미지로 전환하고자 하는 사람들에 의해 이루어진 결과이다. 수공업이 기계공업으로 변해 대량 생산 체제로 변혁되었고 이어서 반도체를 통한 정보화 시대로 접어든 모든 것이 사람의 열정으로 이루어졌다.

지금은 제4차 산업혁명 시기라고 매스컴에서 알린다. 클라우스 슈밥Klaus Schwab은 3차 산업혁명을 기반으로 디지털과 바이오산업 그리고 물리학 분야의 융합된 기술이 경제 체제와 사회 구조를 빠르게 변화시키는 기술혁명을 4차 산업혁명이라고 했다.

4차 산업혁명은 인공지능, 로봇기술, 생명과학이 주가 되는 산업 혁명을 의미한다. 3차 산업혁명의 정보화 시스템에서 한

단계 발전하여 인공지능과 인터넷 그리고 로봇이 주축이 된 사회로의 변화가 시작되는 현실을 직접 체험하면서 살고 있다.

따라서 4차 산업혁명은 앞서 있었던 산업혁명의 연장선 위에서 접근해 가야 할 것이다. 인간의 모든 발전은 인과 관계에 따른 것으로 앞선 세대의 창조적 아이디어가 기술과 접목되어 혁신적인 기능을 발휘하는 것이라 본다.

인간이 기술을 개발하고 기능을 익히는 모든 일은 우리의 생활을 보다 새롭고 건실한 방향으로 나가도록 하기 위함이다. 자연은 생존경쟁에서 살아남기 위한 치열한 경쟁으로 이기는 자만을 수용한다. 약육강식은 물론 생물이 환경에 적응하기 위하여 끊임없이 진화하는 모든 현상이 자연 생태계에서 살아남기 위한 전쟁이다.

인간이 자연계에서 다른 생물보다 문명을 발달시키고 문화를 창조하면서 발전해 온 것은 우수한 지능을 가졌기 때문이다. 우리는 뛰어난 지능을 이용, 다른 생물이 상상도 할 수 없는 창조적인 지혜와 혁신적인 기술로 만물의 영장靈長이라는 자리에 오르게 되었다.

창조적인 지혜와 혁신적인 기술은 인간이 자신의 편익을 위해 만들었지만 인간은 과학적이고 창의적인 발상에 의해 기계적인 삶을 살게 된다. 그러나 삶은 나만의 것이 아닌 더불어 공유하는 사랑이 있어야 한다.

오늘날에는 인공지능이 인간의 지능과 겨루게 되었다. 실제로 인공지능의 대명사처럼 쓰이는 알파고가 세계 정상의 기사棋士와 바둑 대결에서 승리함으로써 실제 인간의 지능을 뛰어넘는 무한한 가능성을 보여준 것은 4차 산업혁명의 전주곡이라 하겠다.

외출하여 집 밖에 있으면서 사물 인터넷을 통해 귀가하기 전에 미리 불을 켜고, 물을 끓인다든가 하는 것도 먼 장래의 일이 아니라 다가오는 산업혁명 시기에 겪게 될 우리의 자화상이다.

그러나 4차 산업혁명이 우리에게 좋은 점만 제공해 주는 것은 아니다. 과학이 발달하고 기술이 향상되는 것은 인간의 생활이 보다 편하고 안락하게 살아갈 수 있는 환경을 만들기 위함이다.

삶의 편익을 위한 산업의 발달로 새롭게 태어나는 직업이 있는가 하면 기존에 있던 직업이 역사 속으로 사라지는 현상도 나타날 것이다. 역사 속으로 사라진 직업에 연연해할 것이 아니라 앞으로 다가올 세대에 살아남기 위한 기능 향상이 선결 과제로 등장한다.

노인 세대들은 정보화 시대에서는 생활의 편익보다는 서툴고 불편함이 더 많은 시대를 맞이할 것이다. 고용 시장에서도 단순노동으로 생계를 이어오던 사람들은 로봇에게 그 자리를 양보하고 새로운 직업을 찾아야 한다.

현재까지의 로봇은 저급 내지 중급 기술자들의 업무를 대체하는 수단으로 사용되었지만 언어와 이미지로 구성된 인공지능이 결합됨으로써 사람이 기계를 사용하는 것이 아니라 오히려

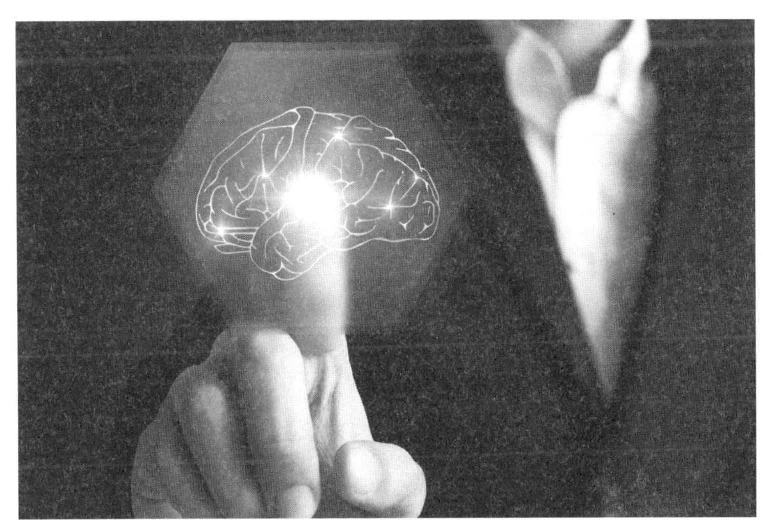

사람이 기계에 예속되는 결과를 초래하여 전도몽상顚倒夢想이라는 말이 실감으로 다가온다.

많은 직업군 가운데 인공지능과 로봇의 발전에 따른 직무 대체가 크게 이루어지지 않을 것으로 보는 분야는 인간의 감성에 기초한 예술 관련 직업이다. 예술은 복사기로 복사하듯이 자동화로 이루어지는 기능이 아니라 개인의 취미 및 적성에 기초하여 인간의 감성에 호소하는 창조의 산물로 탄생하기 때문이다.

인공지능과 로봇이 인간의 일자리를 빼앗고 더 발전하여 인류를 초월하는 지능을 가지게 된다면 인간은 자신의 삶을 피와 땀으로 향상시키려 하지 않고 편익만을 따라가는 무감각에 빠지고 만다.

4차 산업혁명은 곧 다가올 시대적 과제가 아니라 언제부터인가 우리 앞에 형상화된 이미지를 선보이며 발전하고 있는 진행형의 모습이다. 4차 산업혁명이라는 어휘가 어렵지 않게 우리의 일상으로 다가선 것은 2016년 신문지상에서부터였다.

산업혁명은 인간이 인간답게 살려는 목표 아래 기술 혁신을 통한 산업 전반에 획기적인 전기를 가져오는 새롭고 풍요로운 삶의 패턴이다. 인간은 현재에 안주하려 하지 않고 도전하는 정신으로 새로운 삶을 찾는다.

산업혁명은 사업을 하는 사람이나 과학자의 몫이 아니라 그 시대를 더불어 살아가는 모든 사람의 몫이다. 아주 작은 못 하나가 건물을 지탱하는 지주를 바로 서게 하듯이 작은 아이디어

하나가 혁명의 주춧돌이 될 수 있다.

도전이 없는 삶은 미래를 지향할 수 없지만 미래가 있는 삶은 도전하는 정신을 앞세워 발전하고 항상 밝음이 있다. 산업혁명도 인간의 진취적인 도전 정신에서 새로운 기술을 발견하고 발견된 기술을 향상시키는 가운데 이루어진 시대의 부름이라고 본다.

세계 여러 나라들은 다가오는 4차 산업혁명에 대처하기 위한 방안을 마련하여 시행하고 있거나 준비하는 과정에 있다고 한다. 우리도 남의 것을 그대로 모방하려는 안일함을 버리고 적극적인 자세로 우리의 현실을 있는 그대로 바라보아야 한다.

외국 문물을 받아들이는 데 인색하지 말아야 한다는 것은 과거 우리나라가 쇄국정책에 의해 문명과 문화의 발전이 정체되었던 사실을 되살려 볼 필요가 있다. 일찍 문호를 개방한 나라들은 선진 문명을 창안하여 선진국으로 진입하였는데 우리는 후진국의 그늘에서 벗어나는 데 수많은 노력을 기울였던 과거가 있다.

각 나라는 자기네 특성에 맞는 대응책을 마련하고 있다. 미국은 인터넷을 활용하는 클라우드 서비스를 중점 육성하며, 이웃 일본은 우수한 로봇 기술을 집중적으로 육성한다는 전략을 내세우고 있다. 우리는 우리가 자랑할 만한 전자 산업을 새로운 기술과 접목하는 전략을 선보일 수도 있다.

4차 산업혁명이 다가온 명제라면 우리는 영혼을 불태우는 혼신의 힘을 다하여 적극적으로 도전하는 열정이 있어야 한다. 보다 새롭고 풍요로운 삶을 위해서 남보다 앞서가는 진취적 열정이 필요하다.

사라진 명사십리

명사십리明沙十里는 곱고 부드러운 모래가 끝없이 펼쳐져 있는 해안을 아름답게 표현한 말이다. 자연 그대로의 모습으로 사람의 때가 묻지 않아 모래알 하나하나가 햇빛에 반짝반짝 빛나는 해변이다.

옛적에는 모든 해변에 부드러운 모래가 푸른 파도와 조화를 이루며 평화로운 이미지를 연출하는 곳이 많았다. 아이들은 밀려오는 파도를 마중하면서 물속으로 빨려가듯 첨벙거리며 놀던 곳이다. 지금은 바닷가에 모래가 없다. 해안이 침식되고 파도에

쓸려간 모래는 다시 돌아오지 않는다. 사람이 자연의 순리를 따르지 않아 모래가 자취를 감춘다고 한다.

해안이 침식되고 바닷가 모래가 유실되는 원인은 여러 가지로 헤아릴 수 있지만 자연재해와 인공 재해로 나누어 생각할 수 있다. 자연재해로는 폭풍과 지진에 의한 해안 침식이나 지각 변동에 의한 해일을 들 수 있다. 이웃 일본은 폭풍이 수시로 지나는가 하면 크고 작은 지진의 발생 빈도는 다른 나라와 비교를 허락하지 않는다.

일본 센다이 공항의 앞바다에서 강한 지진이 일어나 산더미보다 큰 해일이 공항을 휩쓰는 광경을 뉴스 화면으로 접할 수 있었다. 해일이 덮친 공항은 앞서 일본여행을 마치고 귀국길에 이용했던 곳이라 아찔할 뿐이었다.

그 지진의 여파로 광활한 육지가 바다 밑으로 가라앉았으며 저지대 지역이 가장 큰 피해를 입었다고 한다. 명사십리를 자랑하던 해안의 모래는 간 곳을 가늠할 수 없었다고 한다. 해안 자체가 바닷물에 침식되어 자취를 감추었으니 말로 이르겠는가.

우리나라도 지진의 안전지대는 아닐 것 같다는 걱정이 많으나 아직은 심각한 수준에는 미치지 않는다는 것이 일반적인 견해이다. 그러나 요즈음 들어 곳곳에서 감지되는 지진은 마냥 마음 편하게 흘려버릴 수만 없다.

동해안은 서해안보다 경사가 급해 폭풍 피해가 크다. 주기적으로 찾아오는 것은 아니라 하더라도 가끔 이름난 태풍이 해안을 덮칠 때는 그 규모가 대단함을 몸소 느낀다.

지난해에도 동해안 북쪽 지역은 폭풍과 해일이 닥쳐 해안도로가 무너져 내리고 산사태가 났었다. 또 너울성 파도는 방파제를 넘어 해안도로와 농경지까지 침수시켰다. 그밖에도 산책로가 물에 잠기고 무너져 통행이 금지되었으며 복구되는 데 상당한 시간과 예산이 낭비되었다.

지진이나 폭풍에 의한 재해라고 하더라도 사전에 예방할 수 있는 길은 늘 열려 있다. 자연재해는 같은 곳에서 일어나는 일이 많지만 사람들은 남의 일인 양 관심을 보이지 않는다. 미리 피해 지역을 점검하고 보강한다면 얼마든지 예방할 수 있는 재해라고 본다. 건강은 건강할 때 지키라는 말이 있듯이 평소의 관심이 중요하다.

우리는 일을 당하고 나서야 사후약방문死後藥方文과 같은 처방을 내리는 일을 예사롭게 행한다. 반대로 자연은 늘 한발 앞서 사람들에게 변화의 메시지를 보내지만 누구도 그 내용을 살피려 하지 않는다.

해외여행에서 반짝반짝 빛나는 모래로 넓게 펼쳐지는 해안을 바라보며 감탄을 보낸 적이 있다. 고운 모래가 해안을 하얀 세상으로 꾸며 놓으며 밀려오는 파도와 조화를 이루는 모습은 신선하고 매혹적이었다. 명사십리가 실감으로 다가오는 느낌이었다.

어릴 적 바닷가에 나가면 흰 모래가 깔린 해변이 운동장이었다. 축구장이 되기도 하고 배구장이 되면서 아이들은 끼니를 건너뛰기가 일쑤였다. 모든 해변은 흰 모래가 푸른 파도에 밀리고 밀려오는 모습이었다. 넓은 곳은 육상 트랙을 훌쩍 넘길 정도의 백사장으로 말 그대로 명사십리였다.

레저산업이 발달하자 전국 모든 해변에 해수욕장이 들어서면서 개발의 물결을 타기 시작한다. 이때부터 자연은 인간의 손길에 몸살을 앓기 시작한다. 남해안이나 서해안의 해수욕장들은 개발이라는 유혹에서 이미 벗어난 때였다. 지형 조건 때문에 개발이 되지 않았던 동해안이 개발의 열차를 타면서 난개발이 이어진다.

지형적으로 동해안은 백사장의 넓이가 남해안이나 서해안보다 좁은가 하면 파도에 모래가 쓸려 가는 경향이 짙다. 개발보다 보존이 앞서야 하는 곳이다.

누군가 개발은 미래를 바라볼 수 있는 안목이 있어야 한다고 했다. 그것이 백 년이 아니어도 한 세대를 아우르는 미래관이라도 지녀야 한다면서 개발이 우선이 아니라 보존에도 의미를 두라는 이야기이다.

우리는 개발이라는 명분으로 자연을 훼손하면서도 복원하려는 의지는 늘 뒷전이다. 아예 머릿속에서 지워버리는 일도 흔히 본다. 해풍을 막아주는 소나무를 베어 버린 후에 해안도로를 건설하고 상가 건물을 마구잡이로 신축하여 해안 침식을 부추기었다.

해수욕장을 찾는 사람들, 특히 젊은이들의 의식도 바뀌어야 한다. 술판을 벌이고 쓰레기를 아무 데나 버리는 행위는 사람의 마음을 어둡게 한다. 햇빛에 반짝반짝 빛나던 모래는 죽은 모래로 변하고 있다. 밤새 술판을 벌였던 자리에는 술병이며 담배 꽁초가 난장을 이루고 있다. 언제부터인가 밤이면 백사장에서 벌이는 폭죽 불꽃놀이가 불야성을 이루는 광경이다. 이제 백사장은 화약 냄새에도 민감해야 하는 검게 그을린 명사십리가 되었다.

어느 자치단체에서 해수욕장에 술, 담배 그리고 불꽃놀이 폭죽 등의 물품 반입을 금지한 적이 있었다. 금빛 모래가 되살아나고 쓰레기도 줄어 쾌적한 환경에서 해수욕을 즐기는 사람들의 마음도 밝아 보였다.

그러나 반발도 만만치 않아 흐지부지 다시 옛날의 모습으로 돌아가고 말았다. 주된 이유는 상인들은 장사를 할 수 없다고 아우성이고 젊은이들은 추억 만들기에 지장이 있다는 것이다. 모두가 자신만의 생각이고 자연의 아픔을 모른 채, 미래를 바라보는 안목은 뒷전이다.

해변이 침식되기 시작하는 이유는 인공적인 재해가 자연재해에 앞선다. 폭풍으로 모래의 쏠림이나 해일 등은 오랜 세월 동안 끊임없이 일어났으나 자연은 늘 제 모습으로 돌려놓는 데 인색하지 않았다.

해안 침식은 무분별한 개발의 역기능으로 보답하고 있다. 항만을 개발한다고 방파제를 넓혀 바닷물의 흐름을 바꾸면서 반대편의 모래밭을 침식시키고 있다. 구체적인 검증도 없이 모래의 쏠림을 막는 구조물을 설치했으나 모래는 보이지 않는다. 앙상한 구조물만 덩그렇게 방치된 채 흉물스럽게 너부러져 지나는 사람들의 눈살을 찌푸리게 한다.

이제라도 집을 떠난 새가 제집을 찾아오듯 사라진 모래가 돌아오는 길을 모색해야 한다. 깊은 바다에서 모래를 준설하여 해변에 모래를 채우는 일은 오늘만을 생각하는 모양새이다. 모래 보존을 위한 항구적인 계획으로 오늘의 우리가 아닌 앞으로의 우리 아이들의 명사십리가 필요하다.

뉴질랜드 남섬을 여행한 적이 있다. 이곳의 집터로 가장 인기가 높은 곳은 바다가 내려다보이는 언덕이었다. 모래와 잇닿은 곳에는 건축물이 보이지 않았다. 해변과 모래를 보호하는 방법이라고 생각이 든다.

자연을 보호하는 마음이 있다면 효과적인 개발도 함께 하여야 한다. 자기 생각을 절대적인 기준으로 자리매김해 놓고 다른 사람의 의견을 문전박대하는 경향은 이제는 버려야 할 때이다.

해변이 모래가 사라졌다면 사람의 힘으로 모래 유실을 방지하는 데만 힘쓸 것이 아니라 자연의 힘으로 돌아오게끔 대책을 마련해야 한다. 반대로 나만의 생각이 가장 바르다고 역설하는 어리석음도 함께 버려야 한다.

단편적인 임시방편으로 모래 유실을 막겠다고 나서기보다는 긴 안목으로 자연의 아픔을 달래고 연어가 모천회귀母川回歸하듯 모래가 제 고향을 찾게끔 다듬어 주는 일을 멈추지 말아야 한다.

샛바람에 젖은 봄기운

백두대간이 남북으로 길게 뻗으면서 우리나라는 동서로 양분되는 양상을 보인다. 백두대간은 우리 국토의 뼈대를 이루는 산줄기로 백두산에서 시작하여 동쪽 바닷가 산 준령을 따라 지리산까지 이어지는 지형을 일러 말한다.

지형적으로 동서로 나누어진 것만이 아니라 언어와 풍습도 나름대로 형성되어 서로 특색을 가지고 있다. 내가 생활하는 곳은 백두대간에서 태백준령을 기준으로 영서와 영동으로 나누어지는 지형의 후자에 속하며 기후까지 영향을 받아 두 곳은 확연한 차이를 보이기도 한다.

해안을 끼고 있는 영동은 낮은 지대로 봄이 찾아오는 발걸음도 빨라 고산지대인 영서보다 달포나 차이를 보인다. 봄을 알리는 개나리가 노랗게 봄기운을 알리고 있는 때에도 영서에서는 한겨울 날씨에 머물고 있다. 낮은 지대인 영동에서 꽃이 피면서 고산지대인 영서가 시작되는 정상에 이르자면 달포가 지나야 꽃망울에 금이 가기 시작한다.

입춘지절立春之節을 봄의 시작이라 한다. 이때쯤이면 해안을 끼고 있는 영동은 따뜻한 봄 날씨로 아직 잔설이 녹지 않은 영서의 차가운 바람을 몸으로 감싼다. 그러다가 고산지대에도 봄이 찾아오면 영동은 샛바람으로 몸을 움츠리는 계절을 탄다.

샛바람은 매운 계절에 짝을 맞추는 설한풍은 아니지만 체감으로 느끼는 차가운 기운은 오히려 한겨울 맛을 느끼게 한다. 비록 고추바람은 아니라 하더라도 매섭고 차가움은 체감으로 느끼고도 남는다.

우리말에서 동쪽을 '새쪽'이라 이르며 동쪽에서 불어오는 바람을 '샛바람'이라 한다. 바다에서 육지로 불어오는 바람이 자연스럽게 동남풍으로 바뀌면 이를 일러 샛바람이라 한다.

샛바람은 뱃사람들이 부르는 이름으로 바다가 일터인 뱃사람들은 바람에 민감한 반응을 보인다. 봄을 맞아 동남풍이 불어 매서운 북동풍은 몰아냈지만 차가운 기운은 여전히 몸속에 간직하면서 봄과 이웃한다.

바다와 인접한 이곳은 봄이면 두 계절을 넘나든다. 따뜻한 햇볕에 만물이 소생하여 생기를 찾는 봄이 얼굴을 내미는가 하면 샛바람이 차가운 한기를 안겨주는 겨울의 뒷모습을 보이기도 한다.

영 너머 영서에 살고 있는 사람이 봄을 맞아 영동지방을 찾았다가 세 번이나 곤욕을 치렀다고 한다. 낮은 지대인 영동은 따뜻할 것이란 기대를 품었으나 매서운 입춘 추위에 몸을 움츠린다. 다시 찾을 때는 차림새를 단단히 하고 찾았다가 한여름 같은 날씨에 땀을 흠뻑 흘렸는가 하면 모내기철에 또 가벼운 차림새로 왔다가 피죽바람에 다시 추위에 떨었다는 이야기이다.

모두가 샛바람이 봄과 함께 변화무쌍한 날씨를 점지한 탓이라 생각된다. 그러나 샛바람이 모두에게 버림을 받는 것은 아니다. 봄은 기다리는 법 없이 자신의 길을 묵묵히 지켜 갈 뿐이다. 샛바람이 장난치듯 가는 길을 가끔 늦추는 듯싶지만 봄은 언제나 희망이 있는 계절이다,

접두어 '새'는 희망이 보이는 말이다. 다가오는 새로운 날을 '새날'이라 한다거나 '새벽'이라는 어휘에서 희망을 감지할 수 있다. 샛바람도 가끔 심술을 부려 사람들에게 반갑지 않은 대접을 받는다고 해도 익어가는 봄이 새겨놓는 정취의 하나이다.

한겨울 겨울나기의 잠에서 깨어나 활동을 시작하는 동물들은 새날에 찬란한 아침을 맞이하며 희망이라는 어휘를 간직한다. 만물의 영장인 인간도 날씨에 마음 빼앗기는 흔들림 없이 새롭게 시작하는 싱그러움을 간직한다.

봄은 삶의 철학이 움트는 계절이다. 꽃샘바람이 꽃의 개화를 시샘하기도 하고 샛바람이 비를 내리게 하지만 모두가 봄을 위한 전주곡이다. 봄은 자연의 시샘에도 너그러운 마음으로 맞이하는 아량이 있다. 모두가 자연의 성장을 위한 준비된 잔치이다.

사람들은 자연이 보여주는 삶의 철학을 배워야 한다. 자연은 아무리 날씨가 변덕을 부려도 가던 길을 멈추는 법이 없다. 자연의 순환은 가끔 멈칫거림이 있다 하더라도 변함이 없다.

절기상 봄은 입춘부터지만 꽃샘추위가 시작을 알리며 희망을 간직하고 있는 샛바람을 맞으며 익어간다. 봄날에 샛바람이 없다면 단조로운 하루가 된다. 차가운 기운은 만물의 가슴을 깨우는 각성제가 된다.

세상의 모든 이치는 고진감래이다. 행복한 내일을 위해 오늘은 힘든 하루가 된다. 봄을 맞으며 꽃샘추위나 샛바람에 몸을 움츠리는 오늘이 없다면 희망을 노래하고 내일을 기약하는 기대감이 없을 것이다.

날씨의 순환은 어제오늘만의 일이 아니다. 계절이 바뀌는 길목에는 언제나 마중물이 되어 기다리고 있다. 사람들은 자신만을 생각하며 자연의 순리를 외면한다. 이제는 자연의 순리에 순응하는 자세가 필요하다.

이 봄에 샛바람을 맞으며 행복한 내일이 기다리고 있을 것이라는 희망을 품고 오늘을 즐겁게 보내야 하겠다. 봄은 의연하게 샛바람을 맞으며 맑은 기운을 보내지 않는가.

꽃샘비와 바람

사람들은 봄이 오는 소리를 꽃에서 찾는다. 청매가 이미 꽃망울에 금이 갔다고 봄소식을 알리자 노란 개나리와 연분홍 진달래가 제철을 잊지 않았다고도 한다. 연두색 모란이 커다란 꽃봉오리를 정원에서 뽐내기 시작하면 사람들은 곳곳에서 열리는 벚꽃축제에 마음을 빼앗긴다.

4월은 벚꽃이 화사하게 웃음을 띠는 계절이다. 밝고 환한 모습은 보는 이에게도 명랑한 마음과 즐거운 모습을 띠게 한다. 가끔 흩날리는 꽃잎은 찾아오는 손님을 반기듯 꽃비를 어깨에

얹힌다.

환하게 웃음꽃을 함빡 담은 벚꽃이 올해도 어김없이 찾아왔다. 세상은 흐드러지게 만개하는 꽃 잔치에 봄 냄새가 물씬 풍기는 꽃의 향취로 피어난다. 사람들은 화려한 꽃잎에 마음으로 그림을 그리며 그윽한 향기에 끌려 꿀벌에 앞서 꿀을 챙긴다. 싱그럽고 봄 냄새 가득한 꿀을 꽃잎에서 딴다.

경포대 벚꽃축제도 때를 놓치지 않고 4월 초순에 열리게 되었다. 경포호수를 끼고 이어지는 가로수 벚꽃은 청순한 모습에서 어느새 무르익고 있다. 십여 리가 넘는 경포호수 주위를 에워싸고 있는 벚꽃도 물속에서 꽃 잔치의 영상을 뽐내고 있다.

인산인해라고 했듯이 축제 소식을 듣고 찾은 사람들의 모습은 해안을 끼고 있는 경포호수를 에워싸고 있다. 대중교통을 이용했으면 좋으련만 타고 온 승용차와 관광차가 뒤엉켜 주차장을 방불케 한다.

차량의 행렬은 진입로에서부터 십여 리를 움직이는 기색이 없다. 주말이라 그런지 차와 사람 숫자가 엇비슷하다. 기다리는 시간이 아쉬워 사람들은 서둘러 차에서 벗어난다.

차량에서 내린 연인들은 그들대로, 가족은 가족대로 한 손에는 셀카를 들고 또 한 손에는 음료수를 들고 기념사진이나 추억 만들기에 길을 막는 풍경도 볼만하다. 꽃구경인지 사람구경인지 구분이 되지 않는다.

경포호수 주변 둘레의 벚나무에는 LED 전구를 나무마다 설치하여 크리스마스트리를 연상케 한다. LED 전구를 달아놓아 야경을 아름답게 꾸며 놓은 것은 볼만한 풍경으로 벚꽃 잔치의 꽃구경 못지않은 풍경이다.

벚꽃은 개화 시기가 같아 한꺼번에 환한 모습을 보인다. 백일홍이 먼저 피어난 꽃이 지고 나면 다시 새로운 꽃이 피면서 개화 시기가 백 일이나 된다고 하여 백일홍이라 하지 않았던가.

벚꽃은 한꺼번에 꽃망울을 터뜨려 온 천지가 벚꽃으로 하얗게 그림을 그린다. 벚꽃으로 치장한 경포대도 한결 싱싱한 모습으로 맑고 하얀 벚꽃 속에 묻힌다.

꽃이 필 무렵이면 시샘이라도 하듯 비가 이웃한다. 꽃샘비라고 할 수 있다. 꽃을 피우기 며칠 전부터 초여름에 버금가는 날씨를 보였는데 꽃이 만개하자 바다에서는 샛바람이 밀려오고 하늘에서는 비를 뿌린다.

우리 선인들은 꽃이 필 무렵의 추위를 꽃샘추위라 했다. 그렇다면 꽃이 만개한 때에 내리는 비는 꽃샘비라 명명하겠고 바다에서 불어오는 바람은 꽃샘바람이 아니겠는가.

이번 벚꽃축제에 두 번씩이나 꽃샘비를 뿌렸다. 비에 젖어 흩날리는 꽃잎을 측은하다고 생각할 겨를도 없이 꽃샘바람이 꽃잎을 다시 쓸어내며 나뭇가지에는 푸른 잎새만 선보인다.

바람에 꽃비를 뿌리며 달빛에 환한 모습을 자랑하는 풍경도

호수를 끼고 있는 경포대의 신비스러운 모습이다. 경포대 벚꽃은 왕벚꽃이라 꽃잎도 화려하지만 고색창연한 관동팔경의 하나인 경포대에서 달맞이도 희망을 품게 하는 축제의 한마당이다.

당송팔대가의 한 사람인 소식蘇軾은 그의 시에서 가인박명이라고 하여 아름다우면 명이 짧다고 했다. 어찌 사람에게만 비유하는 말이겠는가. 꽃이라면 가릴 것 없이 화사한 모습을 보이는 것은 봄의 정취가 아니겠는가. 그러나 너무나 화사하게 개화한 벚꽃은 개화하여 십 일을 넘기지 못한다. 꽃도 가인박명을 닮아서일까.

화무십일홍이라 했던가. 열흘 붉은 꽃이 없다고 하지만 꽃이야 자신의 일을 마치면 스러지는 것은 자연의 이치가 아니던가. 벌이 가까이하면 새로운 생명을 위하여 열매를 맺으며 세상에 태어나서 자신의 일을 끝맺음하는 것은 자연의 순리이다.

비록 꽃샘비나 바람이 잠잠하다고 하더라도 벚꽃은 활짝 피었다가 일제히 꽃비를 뿌리며 사라진다. 꽃비를 흩날린 후의 나무는 크리스마스트리를 연상시키는 LED 전구로 치장하고 밤새 불을 밝히며 벚꽃축제의 마지막을 아름답게 장식하면서 내년을 기다린다.

축제가 끝나고 지나는 길에 경포호수를 산책할 기회가 있었다. 북새통을 이루던 모습은 사라지고 자전거로 호수 주위를 하이킹하는 젊은이들만 유유낙낙하는 모습이었다. 젊음은 활짝 핀 꽃으로 내일이면 간직한 꿈을 펼칠 꽃나무이다.

곡우물로 봄을 보내며

계절마다 여섯 개의 절기가 자리 잡고 있는데 봄의 끝자락을 알리는 곡우는 봄의 마지막 절기로서 봄비가 내려 곡식을 기름지게 한다고 설명하고 있다. 이때면 자연은 물이 오른 나무를 인간에게 선물로 남겨 두면서 꽃으로 아름답게 채색한 봄을 배웅한다.

경칩 때부터 나무는 영양분이 가득한 수분을 땅속으로부터 빨아올려 몸속에 간직하며 물이 오른 나무로 변신하면서 다가오는 계절을 준비한다. 영양분을 가득 빨아들인 나무는 인간에게 곡우물로 익어가는 봄기운을 알리며 더불어 건강한 삶을 채비한다.

건강한 삶은 인간만이 소원하는 것이 아니다. 자신의 건강을 이야기로 표현할 수 없어도 만물은 봄이면 자신의 몸을 말없이 챙기면서 하루하루를 보낸다.

곡우 무렵이면 나무는 뿌리와 줄기를 통해 땅속에서 수액을 빨아올리는데 영양분이 풍부하여 나무가 활발하게 자랄 수 있게 한다. 고산지대일수록 나무가 필요로 하는 무기질과 당도도 높아 사람들이 음용하기에 적당하다.

언제인가 곡우물을 시음할 기회가 있었다. 수액樹液이라기에 쌉싸래할 줄 알았는데 생각과는 달리 달짝지근하여 별다른 저항감을 느끼지 못했다. 오히려 물을 마시듯 한 컵을 더 청하는 여유를 가지기도 했다.

나무들의 수액은 넘치지 않는 당도를 유지하면서 달콤한 봄을 만든다. 푸름을 위해 가지마다 맺히는 새싹을 위한 티눈을 곱게 단장하며 봄을 맞이한다. 곡우물이 전신을 돌며 새싹을 틔우고 한 해를 보낼 채비를 한다.

언제부터인가 식당에서도 곡우물을 음용수로 내놓기도 하여 귀한 대접을 받으며 사람들에게 사랑을 받고 있다. 인공적인 감미료를 넣은 것은 아닌데 샘물보다 당도가 있어 찾는 사람도 하나둘 늘어가는 추세이다.

사람들은 자작나무, 박달나무, 산다래나무, 고로쇠나무 등에서 채취한 수액을 곡우물이라고 하여 마시기를 즐겼다. 마시기에 별다른 어려움이 없어 차를 마시듯 하나의 기호식품처럼 대하고 있다.

곡우를 전후해서 자작나무나 박달나무에서 채취한 곡우물은 무기질과 광물질이 풍부하여 위장병에 좋다고 한다. 그밖에도 신경통이나 관절염에도 효험效驗을 본다고 하는데 의학적으로 규명된 것은 아니더라도 민간요법으로 전해지는 속설로 이를 선호하는 사람이 의외로 많다.

의학적으로 확실한 규명이 없다손 치더라도 자연과의 교감으로 이루어지는 곡우물 섭취는 생물이 살아갈 수 있는 원천수임에는 다른 말이 필요하지 않다고 하겠다.

나무에서 수액을 채취하는 방법으로 옛적에는 미리 나무에 칼집을 내고 밑에 그릇을 받치고 풀잎 같은 것으로 수액을 받아 사람들이 음용飮用했다. 요즈음에는 나무 옆구리에 기계로 구멍을 뚫어 가느다란 고무파이프를 연결하여 대량으로 생산하면서 도시에서도 보편적으로 음용하고 있다.

곡우물은 아무 나무에서나 채취할 수 있는 것이 아니다. 또 채취하는 나무에 따라 전해지는 말이 있다. 곡우물은 산다래나무와 고로쇠나무에서도 채취하는데 경칩 무렵 고로쇠나무에서 채취한 것은 남자에게 좋고 곡우 무렵 자작나무에서 채취한 것은 여자에게 좋다는 속설이 있다.

사람들은 일 년에 한 번 나무들이 선물하는 곡우물로 몸속의 노폐물을 씻어내며 활력을 되찾는다. 어떤 사람은 곡우물을 마시지 못하면 한 해 내내 몸이 뿌듯하여 생활에 지장을 느낀다고 과도한 언어를 흘리기도 한다. 그러나 건강은 활력 있는 생활과 적당한 운동이 우선되어야 한다는 것은 일반적인 상식이다.

T. S. 엘리엇은 그의 시집 첫머리에 4월은 '잔인한 달'이라면서 새싹이 돋아 싱싱하게 자라는 봄의 정취를 외면하는 정서를 나타내기도 했다. 모든 사람이 봄을 맞이하면 새로움에 젖어 기쁘고 명랑한 하루를 기대하며 희망을 노래하는 것에 비하면 아쉬움을 남긴다.

사람들은 나무가 싱싱하게 자라면서 초록의 잎새를 자랑하는 봄의 정취를 눈여겨 바라본다. 그리고 계절의 향취를 느끼면서 곡우물을 마시고 흡족한 미소를 띠며 봄이 익어가는 소리를 듣는다. 봄은 언제 어디에서 만나도 늘 다정다감한 소리를 낸다.

사람들은 날이 풀리면 새봄이 찾아왔다고 기쁜 마음으로 하루를 시작한다. 그러나 봄의 시작은 그리 쉽게 풀리지 않는다. 봄의 문턱에서는 샛바람이 가로막이 구실을 하는가 하면 꽃피는 시기를 시샘하여 추위를 몰고 오는 꽃샘추위가 옷깃을 여미게 한다.

샛바람이나 꽃샘추위가 요란한 소리를 낸다고 봄이 뒷걸음치는 것은 아니다. 봄은 오던 길로 제 절기를 맞이하면 어김없이 찾아온다. 농사 절기로 3월은 꽃과 함께 봄이 익어가는 시절이지만 늦봄 4월의 곡우물은 봄을 보내는 배웅 물이면서 다가오는 여름을 마중하는 마중물의 의미를 간직하여 사람들의 사랑을 받는다.

연초록軟草綠의 초대

연초록은 봄이 되어 피어나는 풀잎과 나뭇잎의 부드러운 빛무늬이다. 나무에 물이 오르는 곡우를 지나 싱그러운 5월을 맞이하면서 산과 들은 온통 연초록의 잎사귀로 물들어 간다.

연한 카키색으로 옷단장을 한 연초록은 바라보는 사람들의 눈을 편하게 한다. 어린아이들의 천진스러움이 살며시 스치는 바람결에 흔들리는 가지마다 묻어난다. 어쩌면 바람도 이맘때면 연초록의 친구가 된다.

산속으로 뚫린 고속도로를 달리다 보면 산과 들은 연초록으로 빚어 놓은 나뭇잎 잔치를 마련하고 있다. 무심히 차창으로 눈을 돌리다 보면 마음은 자신도 모르게 리듬을 타게 된다.

나름대로 크고 넓적한 잎사귀를 자랑하는 나무가 있는가 하면 작지만 앙증스러운 잎사귀를 뽐내는 나무도 있다. 이 나무들이 골짝을 장식한다. 가벼운 바람결에도 가지마다 매달린 나뭇잎들은 파도타기를 한다. 온 산이 나뭇잎의 파도타기에 일체감을 이루며 너울너울 춤사위에 봄의 정취를 만끽한다.

평지에서는 풀숲에서 둥지를 튼 종다리sky lark가 푸르고 싱그러운 오월에 취해 하늘을 날며 짝을 찾아 천상의 소리를 낸다. 우리는 새 소리를 아름답게 표현하여 노래를 부른다고 한다. 그러나 새는 수컷이 암컷을 유인하기 위해 나름대로 아름다운 소리로 지저귀는 것이다.

종다리는 종달새이다. '동창이 밝았느냐 노고지리 우지진다.' 라는 시조에서 보듯이 옛말에는 노고지리라고 불렀던, 우리나라 겨울철에 무리를 지어 다니는 텃새이다.

종달새만 연초록이 초대하는 손님이 아니다. 깊은 산속에서는 뻐꾹새가 두드러진 음색으로 짝을 찾는다. 암수가 서로 화답하는 소리는 사람의 마음에도 아련한 그리움을 싣는다.

한여름 나무에 매달려 끊임없이 울어대는 매미를 보고도 무심히 지나치는 법이 없다. 꿀벌은 하루 내내 겨울 양식을 장만하기 위해 꽃술에서 꿀을 채취하여 벌집마다 가득가득 채우는데 놀기만 좋아하는 매미는 노랫가락에 자기가 취해 날갯짓으로 노래만 부르다가 껍질을 벗고 일생을 마친다.

괴테는 하늘과 노래를 사랑하는 새를 종다리라고 했다. 날개를 치며 하늘로 수직으로 날아올라 5월의 싱그러움을 하늘에서 노래한다고 천상의 소리를 자랑한다고 했다.

오늘이 오월 초하룻날이라 내일모레면 절기상으로 여름을 알리는 입하立夏가 찾아온다. 사철 푸름을 자랑하는 소나무는 연초록의 세계를 알린 지 오래되어 짙은 초록이다.

지금은 새싹을 틔우며 자라나는 풀잎과 지난가을 아름다운 낙엽으로 마지막을 장식하던 나무에서 새잎이 돋아나는 활엽수가 연초록의 잎새를 자랑하며 아름다운 세상을 꾸민다.

연초록의 빛깔은 처음부터 짙은 초록이 아니라 부드럽고 연한 빛깔로 얼굴을 내밀다가 신록의 계절을 맞이하면 짙은 초록에 어울려 여름을 장식하며 또 다른 세상을 꾸민다.

연초록은 처음부터 화려하지 않지만 봄이 되면 산뜻한 옷차림으로 몸치장을 하고 나타난다. 화려함은 만개하여 흩날리는 꽃비에 빼앗기고 다소곳한 차림새로 봄의 다른 모습을 알린다.

숲 속에서는 겨울잠에서 깨어난 청개구리가 아침 이슬을 받아 마시기 위해 찔레꽃 나무로 뛰어오르는 모습도 귀엽지만 여기저기에서 지지배배 울음소리로 자신을 알리는 새 소리도 다정하다.

연초록의 초대 손님은 노래만 즐기는 새 소리뿐만 아니다. 늦은 걸음으로 찾아오는 산벚나무 꽃도 있다. 평지보다 달포를 지나야 꽃잎을 선보인다.

연초록으로 물든 고산지대에 화려하지는 않지만 산벚나무 꽃이 친구가 되지 않는다면 초록은 너무 초라하고 단조로운 느낌에서 벗어나기 힘들 것이다. 화려하게 피어나는 평지의 벚꽃처럼 어우러지는 멋과 흩날리는 꽃비는 볼 수 없지만 초록의 단순함을 보완해 주는 다정함이 있다.

4월부터 흩날리기 시작하는 송홧가루도 초록의 다정한 친구가 된다. 소나무 꽃가루로 연한 초록의 세계와는 거리가 있을 법하지만 노란색을 띠는 가루는 연초록의 세상을 부드럽게 한다. 이때쯤이면 아카시아도 꽃망울을 터뜨리며 기지개를 켠다.

연초록은 바라보는 이에게 피로감을 주지 않는다. 사람에게 가장 안정감을 품게 하는 빛깔이다. 연초록이 어우러진 산책길은 신선함을 안겨주며 싱그러움이 가슴을 적시어 준다.

행복은 먼 곳에 있는 것도 아니며 아주 특별한 환경에서 느끼는 것도 아니며 늘 우리의 마음에 있다. 마음이 흔들리지 않고 평정심을 간직하면 행복은 언제나 우리 곁에서 사랑으로 보답한다.

마음이 모나지 않으면 이웃을 사랑하고 자연을 배려하는 넉넉한 마음이 어깨를 나란히 한다. 사랑은 어깨를 나란히 하며 동행하는 모습이다.

단비와 마른장마

지구 온난화에 대한 메시지를 접한 많은 이들은 심각성을 깨닫지 못하고 무심히 흘려보낸다. 사람들은 다가오는 일에 대해 당장은 나와 관련이 없다고 여겨 깊이 생각하지 않는 경향이 짙다.

산업혁명으로 인간은 환경을 훼손하면서 경제 활동을 이루어 화석 연료의 사용으로 이산화탄소와 같은 온실 기체를 대량 배출했다. 자연 생태계의 보고라고 이르는 아마존을 비롯한 열대 지방의 산림 남벌도 한몫한다. 그 결과 대기의 온도가 점차 상승하는 지구 온난화를 유발했다.

지구 온난화는 세계 곳곳에 기상 이변을 가져와 미국 애리조나Arizona주 전역에서는 43℃를 오르내리는 불볕더위로 각종 피해가 속출했다. 고온에 플라스틱 쓰레기통이 녹아내리고 사막에서 자라는 선인장마저 말라 죽었다는 기사가 눈길을 끈다. 우리나라도 가뭄에 시달리는데 일부 지역에서는 우박이 쏟아져 비닐하우스와 농작물에 피해를 주기도 했다.

지구 온난화는 단순한 기온의 상승만을 의미하는 것이 아니고 지구를 지배하고 있는 기후 시스템 전체의 변화를 초래하였다. 43℃를 웃도는 기온은 체온조절 기능을 망가뜨려 사람의 건강에도 치명적인 영향을 줄 수 있다.

만년설萬年雪을 머리에 이고 있는 북극 지방의 빙하가 녹아내리면서 해수면이 상승하고 인류의 생활 터전에 심각한 문제를 일으켜 고도가 낮은 해안 지역 상당 부분을 침수시켰다. 바닷물의 증발이 많아져 강수량의 증가로 홍수가 예상되기도 하지만 특정 지역에 따라서는 심각한 가뭄에 시달리는 경우도 흔하게 접할 수 있었다.

우리나라는 근래에 들어와 비가 내리지 않는 가뭄 현상으로 몸살을 앓고 있다. 적은 강수량 때문에 가뭄 극복이 심각한 수준으로 올해 6월까지의 강수량은 극심하게 가뭄에 시달렸던 지난해에 비해서도 40% 정도에 그치고 있다.

겨울부터 눈다운 눈이 내리지 않아 가뭄의 시작을 알리고 있었으며 기온이 상승하기 시작하는데도 강수량은 평년 기준을 밑돌고 있다. 가끔 내리는 비는 가뭄에 시들어가는 농작물의 목축임도 되지 않았다.

어쩌다가 내리는 비는 겨우 10mm 정도였지만 목마름에 비틀려 말라가던 작물에게는 그래도 단비였다. 생기를 되찾은 작물은 방긋방긋 미소를 흘리며 바람결에 몸채를 너울거리며 오랜만에 대지를 적시는 단비에 고마움을 나타낸다. 고마운 마음은 너울너울 몸채를 흔들며 춤사위에 젖는다.

단비란 가뭄이 계속되면서 대지가 메말라 가는 때에 꼭 맞추어 내리는 고마운 비로 구한감우久旱甘雨를 이른다. 먼지가 풀풀

날리는 밭에서 타들어 가는 농작물은 밤새 내리는 이슬도 고마운데 목축임이라도 할 수 있는 비는 농작물은 물론 농부들에게도 고마운 비가 아닐 수 없다.

그런데 우리나라도 물 부족 국가 중의 하나라고 한다. 처음 들었을 때는 계곡이나 시냇물이 지천으로 흘러내리는 우리나라 이야기가 아니고 열대지방이나 사막 지역에서나 해당하는 것으로 생각했었다.

그러나 우리나라도 현실로 다가왔다. 45년 만에 최악의 가뭄이 시작되자 생활용수를 비롯하여 농업용수, 공업용수 등에 비상이 걸렸다. 이 지역은 공장이 많지 않아 공업용수보다 농업용수와 생활용수 공급에 비상이 걸렸다.

타들어 가는 대지를 적셔 줄 비 소식은 감감하여 농민들의 가슴도 같이 타들어 가며 하늘만 쳐다보며 탄식에 찬 소리를 낸다. 물이 부족하여 모심기를 두 번이나 했으나 그것도 허사가 되었다는 탄식이다.

매스컴에서는 물이 있어야 할 논이 거북이 등과 같이 금이 갔다고 하지만 실제로 건장한 어른의 주먹이 드나들 정도의 구렁이 파여 애써 심은 벼 포기가 말라가고 있었다.

올해는 5월부터 기온이 상승하면서 가뭄이 이어져 7월부터 생활용수를 제한 급수하겠다는 뉴스가 방송을 탄다. 강릉시민의 생활용수를 공급하는 오봉댐의 저수율이 30%를 밑돌아 가뭄이 지속되면 위급 상황을 초래하게 되어 어쩔 수 없다는 이야기이다. 가뭄은 계속 이어지다가 장마철을 맞이하면서 해소될 전망이라고 하지만 요즈음은 기상 변화도 예측하기 힘들어 마른장마가 아니기를 빌어야 한다.

우리나라 장마 시기는 6월 말부터 시작하지만 올해 장마는 천천히 다가오고 있다. 몽골 지역에 강한 고기압이 버티고 있어 북태평양 고기압 세력이 제대로 힘을 쓰지 못하기 때문이란다.

장마가 시작되어 비를 내린다고 안심할 단계는 아니다. 지난해 가뭄 때에도 장마가 시작되었지만 농작물이 충분히 머금을 수 있는 비가 내리지 않아 오히려 가뭄을 부추기는 현상만 빚었다.

논밭의 작물이 해갈되지 않아 논은 쩍쩍 벌어져 작물이 타들어 가고 밭작물은 비틀어져 해갈되자면 금방이라도 100mm 이상 비가 내려야 한다.

장마가 다가와도 내리다 말다 찔끔거리는 비는 오히려 마른장마로 작물과 농부의 탄식만 늘어간다. 마른장마는 농작물의 피해가 더 늘어날 수도 있다. 지금이라도 시원하게 쏟아지는 가뭄 해갈의 비가 내려 농부들의 웃음꽃이 피게 하였으면 하는 바람이다.

열대야로 밤을 뒤척이며

요즈음 열대야tropical night로 밤을 잊은 사람들이 아침에도 어영부영하는 경우가 많다. 사람들은 더위를 잊으며 밤잠을 설치지 않고 숙면을 취해야 하루 일과를 신선하게 시작할 수 있다.

한낮 무더위가 찜통더위로 기승을 부리는 것만으로도 사람들은 축 늘어진 어깨를 펴지 못하므로 편안한 잠자리로 충분한 활력을 충전하는 것이 여름나기의 첫걸음이다.

열대야는 장마 무렵 고온다습한 북태평양 고기압이 발달했을 때 나타나는 현상으로 공기의 흐름이 원활한 해안지방보다 내륙지방이 심하며 숲이나 물이 많은 시골보다 빌딩에 둘러싸인 도시에서 많이 나타난다.

도시의 열섬 현상도 열대야를 부추기고 있다. 콘크리트 건물과 빌딩, 아스팔트로 도배하듯 포장된 도로에서는 태양열을 그대로 받아들여 배출할 만한 곳이 없어 밤에도 열기가 식지 않아 잠을 이루지 못하게 된다.

도시에서는 인구의 밀집, 자동차 배기가스, 건물에서 배출되는 에어컨 등에서 부수적으로 발생하는 이산화탄소를 밖으로 배출하는 것을 비롯해 일상생활에서 묻어 나오는 열기도 열대야의 원인이 되곤 한다.

열대야란 한여름에 오후 6시부터 다음 날 오전 9시까지 최저 기온이 25℃ 이상인 밤을 이른다. 원래는 일본에서 사용하던 것을 우리가 받아들여 요즈음에는 기상 용어로도 흔히 쓰고 있다. 7, 8월 장마가 오락가락하는 무렵에 낮에는 무척 덥고 밤에도 한낮의 열기가 그대로 남아 있어 사람이 쾌적한 수면을 하지 못하여 피로를 호소하는 현상이다.

통계에 의하면 국내에서 열대야 일수가 많은 곳은 서귀포 25일, 제주시 21일이고 창원 15일, 서울 7일 정도이며 대관령은 기상 관측 사상 열대야가 한 번도 없었다고 한다. 이러한 통계도 세월이 흐를수록 열대야의 횟수도 심해져서 근래에는 점점 늘어나는 추세라고 한다.

지구 온난화에 따라 계절 감각이 뚜렷한 우리나라도 계절을 가리지 않고 기온이 올라가는 추세로 이제는 봄과 가을은 짧은 대신 겨울에 이어 바로 여름으로 넘어가는 경향이 짙으며 더위도 한층 더 기승을 부리는 아열대 현상을 나타낸다.

과거 우리나라 여름 기온은 높다고 해야 30℃를 웃도는 때가 거의 없었다. 그런데 요즈음에는 기온이 올라가는 지역은 어디나 할 것 없이 35℃를 넘나드는 것은 비일비재로 흔히 있는 일로 여긴다.

그러면서 사람들은 우리나라도 이제는 온대 지방이라는 개념에서 벗어나야 한다고 말한다. 이러한 현상은 세계적인 추세이므로 인간의 힘으로는 덤덤하게 받아들이면 된다고 쉽게 이야기들 한다.

열대야는 한낮 기온이 찜통더위에 해당하는 지역에서 나타난다. 한낮의 더위로 활동에 제약을 받다가 밤이면 시원하려나 기대했는데 끈적거리는 더위에 밤을 설치고 만다. 이때는 수면 부족으로 피로나 무기력, 집중력 저하와 졸음이나 두통 등의 증후군이 나타나므로 건강에 맞는 생활 패턴으로 바꾸어 생활 리듬을 찾아야 한다.

건강한 여름을 보내기 위해서는 올바른 생활습관을 지킬 일이다. 면역력이 약한 사람은 충분한 수면 시간으로 낮의 활동 시간에 쌓인 피로를 말끔하게 풀어주는 것도 여름 보내기의 지혜라고 보겠다.

동남아를 여행한 적이 있다. 그 지역 사람들은 정오를 기해 모든 상점이나 기관이 수면 시간으로 일손을 놓고 있었다. 우리는 열대야라는 개념이 없던 시기라 그들의 생활습관을 이해하기 힘들었는데 요즈음에 와서 열대야로 밤잠을 설치는 날에는 적당한 낮잠 시간을 갖는 것도 활력 충전의 한 방법이 아닌가 싶은 생각이 든다.

열대야를 이겨 보겠다고 냉방기에 지나치게 의존한다거나 평상 체온을 유지하기 위해 잠들기 전에 냉수 샤워에 몸을 맡기는 것은 건강한 여름 보내기에 역행하는 결과를 가져올 수 있으므로 보통 때의 리듬에서 벗어나지 말아야 한다.

인간은 자연의 변화에 순응하는 것으로 해답을 얻으려는 현실 안주형의 소극적인 면도 지니고 있지만 적극적인 자세로 자연의 변화에 앞서는 순발력 있는 대처 방법을 찾아내는 지혜도 늘 간직한다.

신선하고 산뜻한 아침을 맞이하기 위하여 날씨를 탓하는 미온적인 면에서 벗어나서 다른 날보다 일찍 잠자리를 벗어나서 신선한 공기를 마실 수 있는 산책도 자연을 앞서는 한 방법이다. 나무숲에서 풍겨오는 피톤치드를 마시면서 활기찬 하루를 시작하는 것도 여름나기의 지혜 있는 삶이다.

자연은 숱한 세월을 겪으면서 한 걸음씩 변화하면서 현재형의 오늘을 인간에게 펼쳐 보인다. 그에 맞추어 인간도 자연환경에 맞게 진화하여 현재의 우리를 만나게 했다.

인간은 지혜를 가지고 현재를 창조했다. 지금의 자연환경이 생활에 불편을 준다고 하지만 인간은 지혜롭게 현재를 헤쳐 가며 희망이 있는 내일을 가져다주는 비전vision이 있다.

가을이 녹아내리는 소리

청명한 하늘 아래 신선한 바람이 옷깃을 스치며 가을을 알린다. 무더운 한낮의 열기가 삼복의 찜통더위를 자랑하더니 시원한 바람에 몸을 움츠리며 가을에 자리를 내준다.

올해는 무더위가 열대야를 몰고 오며 기승을 부렸던 터라 가을을 알리는 선선한 바람이 그렇게 반가울 수가 없었다. 가을은 마음과 몸을 다스리며 활력을 충전해 주는 계절이라는 것을 누구도 이의를 제기할 수 없다.

가을도 점차 절기를 잊어가나 보다. 가을의 시작이라는 입추가 지난 지도 한참인데 처서가 찾아와도 열기는 식을 줄 모르더니 늦은 장마로 비를 뿌리자 점차 더위도 주춤거리기 시작한다.

가을은 일 년 중 가장 생활하기 좋고 푸근한 마음을 녹일 수 있는 계절이다. 서두르는 법은 없다고 하지만 자연은 한 해를 마감하려는 일손을 멈추지 않고 차곡차곡 쌓아간다. 초록의 들판을 황금빛으로 수놓기도 하고 아직은 이르겠지만 산야도 초록에서 물러서는 채비를 하고 있다.

흔히들 가을은 황금물결로 들녘을 수놓는 풍요로운 계절이니 오색 단풍으로 산야를 아름답게 채색하는 만추의 계절이니 하면서 찬사를 아끼지 않는다. 모두가 가을을 예찬하는 말로 살아가면서 가장 활동하기 좋고 풍성한 계절을 다듬어서 한 말이다.

가을에는 우리 민족의 민속이자 최대 명절이라고 하는 추석도 끼어 있다. 추석은 햇곡식과 햇과일을 조상님에게 천신薦新하고 풍성한 마음을 달래는 날이다. 조상님을 섬기고 웃어른을 공경하는 철학이 있어 이 세상은 살맛이 난다고 한다.

더도 말고 덜도 말고 오늘 같은 날만 되라는 속담도 한가위를 예찬하는 말이다. 배고픈 시절을 겪은 우리에게는 축제일과 같다. 이날을 기해 가벼운 옷을 벗고 가을 옷으로 바꾸어 입는다.

가을을 맞이하는 풍광은 밝은 햇살과 서쪽에서 불어오는 하늬바람이다. 한 점 바람이 아쉽던 시절을 지나자 슬쩍 스치는 하늬바람에도 고마운 마음을 보내고 싶다. 스치듯 옷깃을 지나는 바람은 마음속까지 스치며 가을을 알리는 소리이다.

밤이면 스산한 바람 소리에 묻혀 들려오는 소리가 애잔하다. 귀뚜라미가 짝을 찾는 소리이다. 언제부터인가 나는 뜰에서 울리는 귀뚜라미 소리를 가을의 소리라고 마음에 심고 살았다.

절기로는 한낮의 더운 날씨가 가을밤 찬 기운을 만나 흰 이슬을 맺는다는 백로가 다가와 하늘은 높고 따가운 가을 햇살에 곡식이 여물게 되어 풍족한 가을을 맞이한다.

삿가지 빛깔로 가을은 소리를 죽이며 나뭇잎을 지우는 계절이기도 하다.

겨울잠을 위한 준비로는 때 이른 느낌이 없지 않으나 나무는 한 해의 마지막을 알리기 위해 아름다운 빛깔로 나뭇잎을 물들이다가 바람에 잎새를 날린다. 밤이면 창문을 통해 나뭇잎 지는 소리가 가을을 알린다.

옷깃을 스치는 바람, 밤새 짝을 찾아 애절한 노래로 사람의 심금을 울리는 귀뚜라미 울음소리, 동면을 위해 다가오는 계절을 맞이하려는 나뭇잎 지는 소리는 가을을 알리는 자연의 소리이다.

그러나 계절은 소리로써 자신을 알리는 것은 아니다. 그것은 마음에서 울리는 소리로서 계절의 변화에 민감한 정서로 자신을 일깨우는 은근하게 스쳐 가는 이미지라고 할 수 있다. 계절의 변화를 무덤덤하게 받아들이는 사람들은 감정의 변화를 느끼지 못하고 지나기도 한다.

사람들은 네 계절 가운데 나름대로 좋아하는 계절이 있겠지만 대체로 봄과 가을을 마음에 심는 경향이 짙다. 그런데 우리도 모르는 사이에 한여름 기온이 열대야를 동반하는 기온 변화로 우리나라가 온대 지방이라는 말이 어색하게 들리기 시작했다.

네 계절 가운데 겨울을 지나 봄인가 싶으면 한 달여 빠르게 여름이 코앞에 다가오고, 이제 가을이 되나 싶으면 겨울 날씨가 몸을 움츠리게 한다. 이제는 봄과 가을이 짧아지고 여름과 겨울이 늘어지게 길어진다.

짧은 가을이라 하더라도 사람들은 넉넉하고 풍성한 마음으로 찾아온 계절을 놓칠세라 명랑하게 푸른 하늘을 쳐다본다. 가을은 누구에게나 삶의 즐거움을 안기며 화려한 자태를 뽐낸다.

한여름 무더위에 지치고 면역력까지 떨어진 사람들에게 활력을 찾아주며 가을의 싱싱한 생명력을 맛보게 하는 계절이다. 저만치 가을이 오는 소리에 자신을 맡겨 낭만적인 서정을 일깨워 본다.

늦더위 장마가 이른 가을의 서정을 앗아가며 발걸음을 주춤거리게 하지만 가을은 자신의 빛깔을 잊지 않고 보낸다. 산뜻하면서 신선한 바람은 오늘도 어김없이 옷깃을 스치고, 물들기 시작한 단풍잎은 바람에 춤사위에 젖는다.

오늘 밤에는 촛불이라도 밝혀야 하겠다. 창밖 뜰아래에서 귀뚜라미도 짝을 찾는 애절함을 노래로 토할 것이라 믿어 본다. 청명한 하늘에는 달빛도 가을을 맞이하는 소리에 묻혀 달무리를 곁들이며 비칠 것이다.

은행나무 정원庭園

가을이 익어가는 시월이면 나무는 찬란한 옷차림으로 한 해의 마무리를 준비한다. 나도 어딘가 떠나 보고픈 마음에 은행나무숲 정원을 찾아 홍천군 내면 달둔마을을 방문할 기회를 얻는다.

이승복기념관을 거쳐 평창군 용평면과 홍천군 내면이 맞닿는 운두령雲頭嶺 험난한 고갯길을 넘어 홍천군 내면에 도착하여 이정표에 따라 창촌리를 거쳐 삼둔마을의 하나인 달둔마을로 진입했다.

내면內面은 요즈음도 교통이 불편하여 벽지僻地에 해당하는 곳인데 이보다 더 오지奧地인 첩첩산중 깊숙이 자리하고 있는 달둔은 홍천 3둔屯마을의 하나로 정감록에는 피장처避藏處에 속한다고 했다.

피장처는 전쟁이나 국가의 위급한 상황이 일어났을 때 피난하여 숨어 지내는 장소라는 뜻이다. 사람의 왕래가 뜸한 깊은 산속 오지로 전쟁과 같은 위급한 상황에서도 바깥세상과는 소식을 끊으며 지낼 수 있는 곳이다.

높은 산 기암괴석으로 병풍처럼 둘러쳐진 산비탈에 붙어 있는 펑퍼짐한 둔덕에 화전을 일구며 삶을 이어오는 삼둔마을 사람들은 오늘과 내일이 따로 존재하지 않는 세월을 지켜오고 있다.

홍천군에서 은행나무 정원이 인기를 얻어 방문객이 늘어나자 정원 바로 앞에 휴게소를 만들었다. 간단한 시설물에 가판대를 마련하여 이곳 산골 마을에서 생산되는 상품을 비롯하여 먹거리도 쉽게 구할 수 있어 여느 관광지에 뒤지지 않았다.

사람들이 붐비고 차량 통행도 많았지만 휴게소에는 편의 시설이 잘 갖추어져 있었다. 먼저 다녀간 사람들의 입소문에 주차장과 화장실도 마련되어 있지 않아 불편하다고 하여 걱정하였는데 기우杞憂에 불과했다.

휴게소 바로 곁에 내가 흐르고 있어 차량 운행이 제한되었다. 걸어서 다리를 건너며 산책로에 접어들자 은행나무 정원이 눈앞에 다가선다. 오른쪽 산책로를 벗어나서 곧바로 은행나무 정원을 탐방한다.

여기서부터는 노란 잎을 바람에 너울거리며 산뜻한 풍광을 자랑하는 은행나무만의 고장이다. 4만㎡의 광활한 밭에 30년을 훌쩍 넘긴 은행나무 2,000여 그루가 노란 빛깔의 잎사귀로 물들어 가며 도열하고 있다. 질서정연하게 도열한 은행나무는 어쩌면 군대식으로 사열하는 느낌을 주었다.

한 치의 착오도 없이 5m 간격으로 오伍와 열列을 맞춘 은행나무가 탐방객을 맞이한다. 울긋불긋 찬란한 옷차림으로 가을의 멋을 자랑하는 단풍이 든 바깥 세상의 골짝 풍광과는 대조적이다.

정원 안의 산책로는 평탄한 길이라 남녀노소가 한데 어울려 즐거워하는 모습은 깊은 산속 풍경을 풍성한 모습으로 연출하고 있었다. 연인들은 다정하고 사랑이 가득 담긴 모습으로 추억 만들기에 바쁘다. 오직 노란색 하나만의 세상이지만 황홀한 풍광에 어른이나 아이 모두가 매료된 느낌이다.

은행나무 사잇길로 산책하면서 경건한 외경감을 맛본다. 노랗게 물든 은행나무 잎사귀는 나무를 노란 빛깔 하나로 채색하였고 낙엽은 산책로를 하나의 빛으로 덮고 있었다.

은행잎 사이로 청명한 가을 하늘이 선명하게 눈앞으로 다가선다. 가을 하늘은 높다고 했던가. 구름 한 점 없는 청색 하늘이 아득하게 높지만 오늘만큼은 가까이 다가선다.

은행잎의 노랑과 밝게 빛나는 청남색 가을 하늘의 빛깔이 빚어내는 조화로운 풍경이 마음을 들뜨게 한다. 신선한 바람을 맞으며 바라보는 하늘은 동화 속에 나오는 예쁜 그림이다.

천천히 둘러보는데 끝부분에서 사람들이 모여 웅성거려 다가가니 집 한 채가 보인다. 주인공 부부가 살면서 이 정원을 관리하고 있는데 지금은 출타 중이라 관리하는 사람이 돌보고 있다고 한다.

은행나무 정원은 이 정원을 조성한 주인공의 아내를 사랑하는 심성이 살아 숨 쉬는 곳이라고 한다. 사랑의 힘은 위대하다고 하지만 주인공의 아내 사랑은 영혼으로 빚어내는 지극 정성이라는 관리자의 설명이다.

앞에서도 지적하였지만 이곳은 삼둔마을의 하나인 달둔마을이다. 3둔은 살둔[생둔生屯], 월둔月屯, 달둔達屯을 가리킨다. 한자 屯둔은 산기슭 가운데 평탄한 고산지대에 사람들이 모여 산다는 의미이다.

시간이 맞지 않아 직접 확인하지는 못했으나 달둔 주변에는 청정수를 내리는 칙소폭포가 있고 이 폭포 원류가 내린천과 소양호를 거쳐 북한강으로 이어지는 한강의 발원지라고 한다.

바로 인근에 위장병 환자들이 치료차 모여드는 삼봉약수터가 있다. 주인공 유기춘은 서울서 이곳으로 내려와 기거하면서 매일 삼봉 약수를 길어다 위장병에 시달리는 아내를 간호했다. 아내의 병이 효험을 보이면서 건강을 찾아가자 내린천이 흐르는 이곳 경관에 매료되어 땅을 사기 시작했고 아예 삶의 터전을 이곳에 마련한다.

내린천 자락의 아름다움과 높은 산에 둘러싸인 깊은 산골짜기지만 때 묻지 않은 풍광에 매료되어 땅을 사들였다. 황무지에 가까운 광활한 땅을 개간하여 5~6년생 은행나무 묘목 2,000여 그루를 심기 시작하여 30여 년이 지난 오늘의 가을정원을 마련하였다는 관리자의 설명이다.

삼봉은 가칠봉, 사삼봉, 응복산 등의 세 봉우리로 이들 봉우리 암벽에서 나오는 청정수를 삼봉약수라 한다. 속설로는 직경

1m 범위 안에 3개의 구멍에서 각기 다른 맛의 약수가 나온다고 해서 붙인 이름이라고도 한다. 철분과 탄산 성분이 많아 위장병에 좋다고 하며 조선조에는 실론약수實論藥水라고 했다고 한다.

'둔'이 붙은 마을은 험난하고 깊은 산속으로 오지에서도 더 험난한 곳이 없을 정도로 깊은 산속에 묻혀 있어 속세의 때가 묻지 않은 곳이다. 방태산과 계방산 기슭으로 둘러싸인 삼둔마을은 산이 높고 골이 깊어 해가 뜨고 얼마 지나지 않으면 어둠이 깔리는 하루가 짧은 고산지대로 홍천 시내와는 계절 감각이 상당한 차이를 보인다.

해마다 10월이면 한 달 동안 일반인에게 개방되는 홍천 은행나무숲 정원은 농장주인이 30여 년에 걸쳐 공을 들여 가꾼 숲이다. 세월이 지나 은행나무도 크게 자라자 농장주는 혼자 보기가 아깝고 민망하니 10월 한 달 동안 무료로 개방하여 상생의 모습을 보인다.

앞에서 관리자의 설명이 있었지만 자세한 설명을 덧붙여 본다. 1985년 지금의 농장주인 유기춘은 만성 소화불량에 시달리던 아내를 위해 서울에서 이곳에 내려와 정착했다.

내린천 자락의 아름다움과 높은 산에 둘러싸인 깊은 산골짜기지만 때 묻지 않은 풍광에 매료되어 땅을 사들였다. 황무지에 가까운 광활한 땅을 개간하여 노란 빛깔을 자랑하는 은행나무 가을정원을 마련하였다.

은행나무를 택한 이유에는 젊었을 때의 고향인 양평 용문사 은행나무에 대한 향수도 곁들여졌다. 1,100년 이상의 세월을 지켜온 용문의 천연기념물 제30호 노거수老巨樹로 등재된 은행나무는 어른 열서너 명이 팔을 활짝 펴야 겨우 안아 볼 수 있다.

노거수이면서 장수長壽의 상징으로 기림을 받고 있어 아내의 건강한 삶을 기원하는 뜻이 담겨 있다고 하겠다. 가을이면 노랗게 익어가는 풍광도 한몫했을 것이다.

전통적으로 삼둔마을 사람들은 일조량 부족으로 나무를 베고 불을 질러 개간한 화전에 감자, 메밀 등 생육 기간이 3개월 남짓한 조생용 고산 작물 농사를 지으며 바깥소식에 그리 신경을 쓰지 않았다.

은행나무 정원이 세인의 입에 오르내리면서 달둔마을도 덩달아 유명세를 타게 된다. 심산유곡이라는 말에 어울리는 곳이지만 가을이면 노랗게 익어가는 은행나무 잎새가 있어 아름다움을 부풀린다. 이백의 산중문답에 나오는 별유천지비인간別有天地非人間이란 구절에 맞먹는다.

울긋불긋 단풍이 든 산에 어쩌다 은행나무 한 그루가 끼었을 때는 노란 빛깔을 유별나게 자랑한다. 간혹 동네 쉼터 마을정원에도 거목의 은행나무가 동네 어른들의 사랑방 구실을 한다. 번거로운 세상사를 잊고 서늘한 가을바람을 맞으며 마음의 때를 씻어내는 안식처가 되기도 한다.

내가 은행나무와 인연을 맺게 된 것은 대학 생활에서 시작된다. 유학의 본거지라고 할 수 있는 성균관 명륜당 앞 거목의 은행나무를 처음 보았을 때라고 생각된다. 수령 400년을 거뜬히 넘긴 이 나무는 천연기념물 노거수로 등재되어 여러 사람의 찬사를 받고 있다.

평소에는 무심히 지나치다가 성균관 명륜당에서 석전제釋奠祭가 열리는 날에는 학생들도 제례祭禮 행사에 동참하여 가까이서 은행나무와 이웃하며 오랜 세월을 지켜온 거목을 바라보며 찬사를 보냈다.

은행나무는 가로수로 많이 식재하는데 노란 잎사귀가 도시의 풍광을 산뜻한 모습으로 바꾸면서 사람들의 마음까지 밝게 하지만 도로를 깨끗하게 정비하는 사람들에게는 귀찮은 존재라는 것도 아울러 새겨야 한다.

은행나무는 세월을 잊고 오래도록 삶을 이어오면서 건강한 모습을 우리에게 선보이며 가을이면 노란빛 하나만으로도 화려한 모습으로 태어난다. 갖가지 빛깔로 물들이는 높은 산 단풍만이 가을의 풍광이 아니다.

깊은 산골짝을 아름답게 수놓은 은행나무 정원의 주인공은 사랑의 마음을 노랗게 물들이며 자신만의 인생을 채색하고 있다. 노랗게 물들인 가을정원을 바라보며 찬사를 보내는 너그러운 마음으로 주인공이 힘들여 엮어온 사랑을 마음에 담았으면 더 좋은 풍광을 이룰 것이다.

청정 풍광의 화진포花津浦

화진포라는 이름은 호수 둘레에 바닷바람을 맞으며 피는 해당화가 청정한 아름다움을 자랑하는 호수라는 뜻이라고 한다. 화진포는 예전에 바다였던 곳이 오랜 세월을 겪는 동안 바다와 격리되면서 형성되었다. 원래는 산악에서 흐르는 물이 내를 이루어 흐르다가 바다와 가까운 곳에 이르자 바다에 침잠하지 않고 호수로 얼굴을 나타낸다.

처음에는 염분이 없는 담수호潭水湖였지만 세월이 흐르자 바닷물이 새어들면서 석호潟湖가 된다. 화진포는 동해안에 발달한 석호 가운데 가장 큰 규모를 자랑한다. 맑고 깨끗한 청정심을 간직한 호수와 푸름 하나만의 아름다움으로 하늘을 닮아가는 바다가 이웃하는 절경이다.

이름이 알려진 명승지면 전설처럼 따라다니는 이야기가 있는데 화진포도 생성 설화를 간직한다. 마침 화진포 내력을 기록해 놓은 안내문이 있어 내용을 발췌해 본다.

옛적 이곳에 이화진이라는 인색하고 고약한 성격의 소유자가 살았다. 하루는 금강산 건봉사 스님이 시주施主를 위해 찾아왔는데 그는 곡식 대신 소똥을 퍼 주었다, 스님은 불평 한마디 없이 그것을 받아들고 묵묵히 돌아서 나갔다.

이 광경을 본 착한 심성의 며느리가 쌀로 보시普施하기 위해 스님을 따라가며 시아버지를 용서해 달라고 빌고 또 빌었다. 스님은 시주를 받은 후 나를 따라오면서 벼락이 치는 소리가 나더라도 뒤돌아보지 말라고 일렀다.

고충고개에 이르자 하늘이 무너지는 소리에 며느리는 깜짝 놀라 그만 뒤를 돌아보게 되는데 이화진이 살던 집과 논밭이 모두 물에 잠겨 호수가 된 것이었다.

정신을 차려 스님을 찾았으나 스님은 어느새 어디론가 사라지고 없었다. 며느리는 시아버지를 생각하며 애통하게 울다가 지쳐서 그만 돌이 되어 버렸다. 마을 사람들은 착한 심성의 며느리를 안타까이 여겨 고충서낭신으로 모셨고 시아버지 이름을 따서 호수 이름을 화진포라 부르게 되었다고 한다.

이후 마을 사람들의 농사도 풍년이 들고 마을에 돌고 있던 전염병도 사라져 살기 좋은 마을이 되었다는 화진포의 생성 내력을 담은 안내문의 기록이다.

동해안은 서해안과 달리 산악에서 흐르는 물이 바다에 이르면서 석호를 발달시키고 있다. 화진포는 석호의 성격을 띠는데 지금은 호수의 동북쪽이 바다 쪽으로 트여 민물과 바닷물이 새어들면서 담수와 해수가 교차하는 천연의 담염호淡鹽湖를 이루고 있다.

이에 반하여 서해안은 해안이 완만하고 밀물과 썰물의 드나듦이 심해 호수보다 갯벌이 많고 내륙과 멀어지면 섬이 된다. 따라서 서해나 남해에 크고 작은 섬이 많이 형성되어 있다.

동해안은 화진포를 비롯하여 경포호, 송지호 등 석호가 열여덟 곳이나 된다. 석호는 바닷가의 모래 언덕인 사주砂洲가 발달하여 바다의 끝자락이 모래 둔덕이 되고 육지로 들어가는 만灣이 바다에서 분리되면서 생기는 호수이다. 화진포는 전형적인 석호 지형이다.

석호가 발달하면 명사십리 모래밭이 생기면서 훌륭한 해수욕장이 발달한다. 화진포는 호수와 이웃한 해변에 밟으면 맑은 소리를 내는 백사장이 넓게 펼쳐지면서 사람들의 사랑을 받는 명사십리 해수욕장을 자랑한다.

해수욕장에서 전방으로 넓게 펼쳐지는 바다에는 거북이 모양을 닮아 거북섬이라고 부르기도 하는 금구도金龜島가 있다. 바다를 향해 엎드려 있는 거북이의 머리 모양을 한 거북섬의 실제 모습은 이중二重의 화강암 석축으로 된 성城의 구조를 갖추고 있다고 한다.

역사적인 고증에 의하여 구명究明된 바는 아니지만 금구도에는 광개토왕의 능이 있다는 설화를 간직하고 있어 이를 밝혀 역사적인 관광지로 개발하려고 이 지방자치단체에서 노력을 기울인 바가 있다.

호수와 바다 사이에는 울창한 소나무 숲이 있다. 무심히 지나치다 보면 깊은 산속에 자신이 파묻혀 있는 착각을 일으킨다. 청정한 풍광이란 볼거리가 아름답고 신비스러움이 있는 것만이 아니다. 시원한 바람, 맑고 깨끗한 공기가 한몫을 한다.

숲 사이로 조성된 탐방객을 위한 산책로는 자연경관을 즐기는 사람들의 낭만을 만끽하는 장소로 이용되면서 바닷가 숲속을 걸어 다니는 힐링의 장소로도 빼놓을 수 없는 풍광이다.

나는 우연한 기회에 이곳을 세 번이나 탐방하게 된다. 90년대 초반을 시작으로 10여 년이 지나면 한 번씩 찾아오게 되었다. 첫 방문에서는 민간인 통제구역이었는데 직장 동료들과 현재의 통일전망대에서 더 들어가 있는 금강산 전망대를 탐방하는 길에 하룻밤을 보내게 되었다.

당시 군인들의 휴양지 역할을 하는 콘도에서의 숙박은 요즈음과 같이 자유로움을 만끽하는 즐거움을 누리기에는 늘 조심성이 따라야 했다. 그러나 이른 아침 잠자리에서의 해돋이 광경은 오랜만에 맞이하는 장관이었다. 아직도 그때의 해돋이가 기억에서 사라지지 않고 선명하게 남아 있다.

화진포는 국민관광 휴양지로 발돋움한 지도 상당한 시간이 흘렀다. 90년대 초반부터 관광지로서의 이미지를 넓히기 위해 도로를 정비하고 주차장을 마련하는 등 기간시설을 갖추어 왔다.

하지만 국민관광지로서 진정한 면모는 볼거리, 즐길 거리, 먹거리가 갖추어져 추억으로 간직하고 싶은 마음, 다시 찾고 싶은 마음을 심어줄 수 있는 이미지가 필요할 것이다.

내가 처음 화진포를 찾았을 때의 모습은 이승만, 이기붕, 김일성 별장 정도가 관광지의 면모를 살리고 있었다. 별장이라고 하면 호화스러운 멋을 느낄 수 있는 현대적인 감각이나 규모를 상상하겠지만. 모두가 단층으로 된 건물로 단조로움에서 벗어나지 못하고 있었다.

지금은 여러 가지 이유로 폐쇄되었던 이들 별장이 몇 번이나 다시 복구되어 전시물도 보충하고 새로운 모습으로 선보이고 있으나 전시관의 형태에서 벗어나지 못하고 있다. 현재는 기념관이나 안보전시관으로 활용되고 있어 탐방객의 시선을 끈다.

그런데 이번 방문에서는 새로움을 느낄 수 있었다. 현대적인 감각뿐만 아니라 규모로도 관광지의 이미지를 엮어 나가고 있었다. 해양박물관, 생태박물관 등이 새로 문을 열고 신선함을 보여주고 있었다.

해양박물관은 바다의 꽃이라 불리는 산호초 사이를 수영하는 열대어를 관찰할 수 있는 전시관과 동해 바다에서 자생하는 어류를 관찰할 수 있는 수족관에 곁들여 패류 전시관에서는 희귀한 각종 조개류, 갑각류, 산호류, 화석류, 박제 등이 전시되고 있었다.

박물관이라면 누구나 쉽게 관람할 수 있는 곳이어야 한다. 그런데 계단을 오르내리는 불편함이 있었다. 어린이와 노약자들이 쉽게 오르내릴 수 있게 엘리베이터 정도는 갖추는 배려가 아쉬웠다.

생태박물관에서는 동해안 석호의 형성 과정을 비롯한 화진포의 천연기념물과 서식하는 동물들을 관찰할 수 있는 생태계 체험관 등을 돌아볼 수 있었다. 맨 위층에는 화진포의 호수와 바다를 조망할 수 있는 전망대도 갖추어져 화진포 전경을 가슴에 담을 수 있어 호감을 주었다.

앞서 방문 때에도 있었지만 무심히 지나쳤던 화진포의 성을 탐방하게 된다. 1943년 일제 때 수려한 자연경관이 뛰어난 이곳에 독일에서 건축학을 공부한 베버H. Weber가 바다와 잇닿은 암벽 위에 원통형 2층 건물을 회색 돌로 지었다. 유럽풍의 성채를 본뜬 작은 성을 닮은 모습의 멋진 건물로 후에 예배당으로 이용되었다고 한다.

1948년 이후에 이 지역이 북한에 속하였을 때는 북한 지역의 귀빈 휴양소로 이용했으며 김일성도 애용했으므로 김일성 별장으로 널리 알려졌다. 화진포 성이 곧 김일성 별장으로 변신한다.

한국전쟁 이후에는 우리 땅에 귀속되어 우리 군인이 관리했다. 몇 번인가 외양과 내부를 손질하여 처음 모습은 찾아보기 힘들고 현재는 안보전시관으로 이용되고 있다.

화진포는 수려한 자연경관에 버금가는 이념의 각축장이 된 듯한 느낌을 지울 수 없었다. 일세 강점기에는 일본인들이 자기네 휴양지로 사용하다가 해방과 함께 남북한이 갈라지면서 북한 지역으로 편입되어 김일성을 비롯한 그들의 휴양지로 애용되어 화진포성이 김일성 별장으로 둔갑하기도 했다.

한국전쟁 후 화진포는 우리의 땅이 되었다. 기념관으로 사용되는 이승만 별장, 이기붕 별장도 자연의 아름다움에 현혹된 정치 지도자들의 휴양지가 되었었다.

화진포는 수려한 자연경관과 맑은 물빛의 호수와 쪽빛 물감을 뿌려 펼친 바다가 보는 이들의 마음을 빼앗는 청정 풍광을 자랑한다.

호수 주위는 울창한 소나무들이 병풍처럼 감싸고 있어 자연 풍광이 신선하고 아름답다. 바다와 기암괴석은 태고의 신비스러운 자태를 고스란히 간직하고 있어 젊은이들에게는 낭만을 즐기는 장소가 되었다.

얕은 수심으로 천혜의 은덕을 입은 해수욕장은 물속에서도 자연을 즐기며 자연에 동화되어 신선함을 가슴에 품을 수 있다. 조개껍데기와 바위가 부서져 만들어진 화진포의 백사장은 감촉이 부드러운 명사鳴砂로 수많은 세월을 지켜오면서도 본래의 모습을 잃지 않은 깨끗함이 있어 바다를 즐기는 사람들의 사랑을 받고 있다.

화진포는 민물과 바닷물이 교차하면서 연어, 숭어, 전어, 도미 등 갖가지 담수어종이 풍부하게 서식하고 있어 자연 생태계를 직접 관찰할 수 있는 여유로움을 함께 누릴 수 있다.

낚시를 즐기는 동호인들은 수시로 찾아와 민물고기와 바다에서 자생하는 어종을 낚아 올리는 손맛을 즐기며 함께 자연에 심취하는 모습도 화진포에서만 볼 수 있는 풍광이다.

글을 마치며

한 해의 생각을 다듬어서 서툴게나마 선보이게 되었다. 새롭게 태어나는 글의 빛깔은 예전의 틀에서 벗어나려고 노력하였으나 신선함이 돋보이지 않는다. 글은 찬란한 빛깔보다 담담한 심성이 우선이라고 한다. 마음을 비우고 여유로운 심정으로 내 이웃에게 들려주듯 편안하게 이야기를 엮어 보았다.

글은 아름다움보다 읽는 이의 마음에 울림을 주는 삶의 진실이 담겨야 한다. 삶의 진실은 사람마다 간직하는 모양새는 다르지만 순수함과 참신함이 동행하는 일상에서 발견할 수 있다.

정과 사랑이 있는 삶은 누구나 바라는 인생철학이다. 우리에게 사랑이 없다면 메마르고 삭막한 인생살이가 된다. 이웃이 있고 더불어 살아가는 현대사회는 사랑으로 맺어지는 세상살이로 행복한 삶의 지름길이다.

사랑을 주제로 한 이웃의 이야기를 살펴보았다. 인생살이는 사랑을 위해 정성을 기울여 행복이라는 종착역에 도달하려고 한다. 결국 인생은 행복을 찾기 위한 기나긴 여정이다.

행복의 의미는 일정한 설계도에 의해 건축되는 건축물이 아니다. 사람마다 느낌이 다르고 찾아오는 길도 일정하지 않지만 정과 사랑으로 가까이 머무르게 할 수 있다. 너그러운 마음으로 이웃을 사랑하고 자신을 사랑하면 자연히 행복한 삶을 얻을 수 있다.

자연과 인간과의 인연도 사랑이다. 자연은 인간에게 삶의 터전을 마련해 주면서 경이로움의 풍광을 펼쳐 보인다. 절기에 따라 계절의 변화는 가던 길을 멈추지 않는다. 사람들은 자연의 풍광에 감탄하면서도 사랑으로 자연을 보호하려는 이미지를 보이지 않는다.

자연은 인간의 삶에서 멀리 떨어져 있는 대상이 아니라 우리와 이웃하면서 삶의 철학을 던져 주고 있다. 인간이 자연의 순환에 순응하면서 자연의 지혜를 배워야 한다.

자연은 인간에게 주는 위대한 유산이다. 따라서 자연을 보호하고 사랑으로 자연을 보살피는 것은 인간이 해야 할 의무이다.

글을 마무리하면서 미진함을 감추지 못한다. 새롭고 신선한 감동을 주어 다시 읽고 싶은 예지叡智를 나타내지 못하는 아쉬움이 있다. 그러나 모자람에는 앞으로 발전할 수 있는 세계가 이웃하고 있어 노력하라는 채찍으로 알고 갈고 닦는 수련을 가슴에 새긴다.

문학상을 수상하며

상을 수상한다는 것은 누구나 기쁨과 즐거움을 마음속에 간직하며 들뜬 심성에 젖는 일이다. 그러나 한편으로는 은근히 걱정이 동행한다. 수상하는 문학상은 기쁜 마음에 앞서 더 열심히 노력하여 사람의 심금을 울릴 수 있는 글을 쓰라는 채찍으로 생각한다.

앞으로 끊임없는 노력으로 꿈과 영혼이 살아 숨 쉬는 글을 선보이겠다고 수상 소감을 밝힌 바 있어 무거운 책무를 느낀다. 책무를 다하기 위해 풍성한 마음으로 맑고 고운 빛깔의 글을 쓰려고 한다.

담백하고 진솔한 마음을 담아내는 영혼이 문장 곳곳에 숨어 있어 글을 읽는 사람으로 하여금 지혜로운 글맛을 찾아 음미하는 재미를 느끼는 글을 쓰기 위해 노력을 멈추지 않겠다.

글은 글쓴이의 작품이지만 한 편의 글이 생산되자면 문우文友가 동행해야 한다. 나는 모교인 고등학교의 개교 50년사를 편찬할 때부터 곁에서 충고를, 때로는 칭찬을 잊지 않은 동문 장계태 문우의 노고에 감사한다.

강릉대학교에서 인문대학장을 역임한 조길행 교수를 비롯하여 한국방송공사에서 P·D로 활약한 김종성 국장, 문인화로 꿈을 펼치고 있는 박치규 작가 등의 문우들은 원고 수정에서 감수監修에 시간을 아끼지 않는 열정과 지도·격려를 해 주어 나는 가슴 깊이 새긴다.

이들 문우의 넉넉한 마음에 산수傘壽의 나이에 이르지만 아름다운 정서를 간직하며 글로서 담아내기를 멈추지 않겠다. 첫 수필집 『정동진 여정』에 이어 문학상을 담아내는 두 번째 수필집으로 『사랑이 빚어내는 삶의 서정』을 곧 출간하여 보답하려고 한다.

오늘의 상을 마련해 준 이은집 주간님, 조성언 발행인님과 한빛문학 가족 여러분에게 감사를 드린다. 출판을 맡아주신 '행복에너지' 권선복 사장님에게는 고마움과 감사를 아울러 드리며 편집에서 디자인 모두가 현대적 감각으로 이루어졌다는 찬사를 받은 바 있어 더욱 감사를 드린다.

주위에서 보내는 찬사는 심금을 울리는 글을 쓰라는 채찍으로 알고 항상 겸손하고 소담스러운 마음을 놓지 않겠다. 글은 오늘을 대변하는 것이 아니라 영원을 지향하는 것이라 했다. 오늘에 읽히는 글이 아니라 영혼을 울리는 글을 쓰고자 늘 이웃에게 귀를 기울이는 작가가 될 것을 다짐한다.

출간후기

권선복
(도서출판 행복에너지 대표이사)

정과 사랑으로 이루어진 인생에서 자연이 주는 희망으로 행복과 긍정의 에너지가 팡팡팡 샘솟으시기를 기원드립니다!

우리 인생은 수많은 것으로 이루어진 것처럼 보입니다. 가족과의 연으로 시작하는 인생은 수많은 선택과 역경을 지나며 배움의 길을 지나고, 모든 것들이 복합적으로 조화를 이루어 한 사람의 인생을 만들어 냅니다. 그런데 이런 모든 요소의 뒤에는 정과 사랑이 있습니다. 우리를 위해 자신을 기꺼이 희생하셨던 어머니의 모정과 사람 사이의 정, 형제의 정, 친구의 정, 스승과 제자의 정…. 이처럼 사람 사이의 사랑에서 태어난 정은 우리 인생의 모든 것을 이룹니다. 또한 이런 정과 사랑은 우리를 미래로 이끕니다. 내일의 희망을 위해 사랑의 싹을 틔우며 우리 인생 역시 조금씩 앞으로 나아가게 됩니다.

책『사랑이 빚어내는 삶의 서정』은 이처럼 우리 인생을 이루는 정과 사랑을 통찰하는 저자의 수필집이자 우리 마음속의 정과 사랑을 깨우치게 해줄 마음의 거울입니다.

저자의 삶에서 마주친 정과 사랑의 서사를 거리낌 없이 담백하게 풀어내며 우리의 삶을 돌아보게 합니다. 저자는 제1부에서 어머니의 정을 시작으로 사람의 진정한 믿음에서 나오는 정과 희생을 통해 싹트는 사랑이 어떤 것인지 말합니다. 이어서 제2부에서는 늘 버겁고 힘든 삶이지만 자연이 우리에게 주는 아름다운 풍광을 통해 버거운 삶을 가벼운 마음으로 살고 오늘과 내일을 이끌어 주는 힘을 얻을 수 있음을 말합니다.

『정동진 여정』으로 먼저 기억의 서정을 우리에게 전한 조규빈 저자에게 큰 응원의 박수를 보내며, 그의 또 다른 도전이자 인생의 깨달음을 전하는 훌륭한 수필집인 이 책을 통해 우리 인생의 모든 것 뒤에 숨어 있는 정과 사랑을 찾아내어 "인간은 내일이 있는 미래상을 위하여 정과 사랑을 서로 나누며 그 속에 행복의 씨앗을 싹틔워 키운다."라는 저자의 말처럼 인생의 행복을 키우시기를 바랍니다. 또한 저자의 선한 기운이 이 책을 읽는 분들의 삶에 널리 퍼져 모든 분들의 삶에 행복과 긍정의 에너지가 팡팡팡 샘솟으시기를 기원드립니다.